本书受河南省高等学校重点科研项目（23A630001）、河南省
研究）项目（232400410006）以及河南省博士后科研资助项目（

O2O模式下在线回收商再售策略研究

李增禄◎著

The Resale Strategies of the Online Recycler in O2O

中国经济出版社
CHINA ECONOMIC PUBLISHING HOUSE
·北京·

图书在版编目(CIP)数据

O2O 模式下在线回收商再售策略研究 / 李增禄著 . --
北京：中国经济出版社，2023. 9（2025. 4 重印）
ISBN 978-7-5136-7475-1

Ⅰ. ①O… Ⅱ. ①李… Ⅲ. ①网络营销-研究 Ⅳ.
①F713. 365. 2

中国国家版本馆 CIP 数据核字(2023)第 177073 号

责任编辑 陈 瑞
责任印制 李 伟
封面设计 任燕飞

出版发行 中国经济出版社
印 刷 者 北京艾普海德印刷有限公司
经 销 者 各地新华书店
开 本 710mm×1000mm 1/16
印 张 10. 75
字 数 142 千字
版 次 2023 年 9 月第 1 版
印 次 2025 年 4 月第 2 次
定 价 79. 00 元
广告经营许可证 京西工商广字第 8179 号

中国经济出版社 **网址** www. economyph. com **社址** 北京市东城区安定门外大街 58 号 **邮编** 100011
本版图书如存在印装质量问题，请与本社销售中心联系调换(联系电话：010-57512564)

摘要

虽然废旧产品回收行业(如电子产品、汽车、旧衣物等)经历了几十年的发展，但由于回收成本高、回收体系不健全以及回收价格不透明等因素，回收率依然较低。互联网的发展为废旧产品回收困境迎来了新的契机，以“爱回收”“欧燕”“人人车”为代表的一大批在线回收商应运而生。此类回收商最大的特点是将废旧产品回收业务与互联网相结合，形成所谓的线上到线下(Online to Offline，O2O)回收模式。该模式较低的回收成本、较为透明的回收价格以及较高的便利性有助于集中优势资源，重塑回收体系，但作为一种新兴的回收模式也存在一系列的回收再售决策问题。基于此，本书以在线回收商再售策略选择为核心，结合政府相关政策开展以下四个方面的研究。

首先，以无再售的传统回收模型为基准，考虑再售策略以及回收成本优势构建在线回收决策模型，旨在考察在线回收商的再售意愿。通过非线性规划理论对模型求解发现，随着制造商转移价格的增长，回收商再售意愿减弱，而随着制造商生产成本的增加，回收商再售意愿增强。对比两个模型发现，由于在线回收具有一定的回收成本优势，并且再售行为有助于增强回收商对回收品处理的灵活性，故在线回收商在开通再售业务所投入的固定成本较低时有动力进行再售。对制造商而言，虽然在线回收商的再售行为侵蚀了制造商的市场需求，但在某些情形下，在线回收商回收量的提升导致制造商再制造量增大，从而使在线回收商和制造商达到共赢。此外，发现在线回收时较高的回收量以及较低的零售价格使在线回收模型中回收率和消费者剩余优于传统回收模型。

其次，研究了政府回收处理基金对在线回收商再售策略的影响。构建在线回收商获得拆解补贴的闭环供应链模型，通过非线性规划理论求最优解。研究发现，随着政府对制造商所征收处理基金的提高，在线回收商再售意愿增强，而随着政府拆解补贴的提高，在线回收商再售意愿减弱。此外，在拓展模型中还分析了制造商获得拆解补贴的情形，发现此时由于制造商再制造水平的下降，其利润未必优于补贴在线回收商模型。相对在线回收商获得拆解补贴而言，制造商获得拆解补贴时在线回收商再售意愿更强，因此消费者剩余较优，但回收量的下降损害了逆向物流的回收率。

再次，研究了在线回收商再售渠道选择问题。构建在线回收商自营再售业务的自营模型和通过零售商再售的代理模型，然后通过非线性规划理论求两个模型的最优解。研究发现，无论是自营模式还是代理模式，随着零售商新产品进购成本的增大，在线回收商再售意愿增强。对比两个模型发现，当自营再售业务所投入的固定成本较低时，在线回收商选择自营模式，此时较高的回收量以及较低的销售价格导致回收率和消费者剩余较优，而零售商更偏好于代理模式。此外，在考虑不完全再售的拓展模型分析中发现，随着转移价格的增长，在线回收商再售意愿减弱，更偏好于选择代理模式。

最后，在政府家电补贴政策下考察了在线回收商的再售渠道选择问题，构建基于政府补贴的自营模型和代理模型，通过非线性规划理论求最优解。研究发现，无论是自营模式还是代理模式，随着政府家电补贴的提高，在线回收商再售意愿减弱。对比两个模型发现，当自营模型中固定成本较低时在线回收商选择自营模式，但随着政府家电补贴水平的提高，在线回收商选择自营模式的策略空间变小。虽然自营模式下回收率较优，但零售商偏好于代理模式且在补贴水平较高时代理模式下消费者剩余较优。此外，通过回收成本分担契约，可以有效提升代理模式下的回收率，从而在一定补贴水平下实现企业、回收率以及消费者剩余在代理模式中的多方协调。

目录

第1章　绪　论 ······ 001

1.1　研究背景和意义 ······ 003

1.1.1　研究背景 ······ 003

1.1.2　研究意义 ······ 008

1.2　研究目标与内容 ······ 009

1.2.1　研究目标 ······ 009

1.2.2　研究内容 ······ 010

1.3　研究方法、技术路线和结构安排 ······ 011

1.3.1　研究方法 ······ 011

1.3.2　技术路线 ······ 012

1.3.3　结构安排 ······ 013

1.4　本书创新点 ······ 015

第2章　文献综述 ······ 017

2.1　在线回收 ······ 019

2.2　再制造与再售 ······ 023

2.3　政府政策 ······ 027

2.4　文献评析 ······ 030

第 3 章　回收商回收再售策略研究：在线回收 VS 传统回收 ……… 033

3.1　引言…… 035
3.2　问题描述…… 037
3.2.1　符号与变量…… 038
3.2.2　模型假设…… 038
3.3　传统回收模型…… 040
3.3.1　无回收…… 041
3.3.2　部分回收…… 042
3.4　在线回收模型…… 044
3.4.1　全部再售…… 046
3.4.2　部分再售…… 046
3.4.3　无再售…… 049
3.5　对比分析…… 051
3.6　算例分析…… 056
3.7　本章小结…… 058

第 4 章　基于政府回收处理基金的 O2O 在线回收商再售策略研究 …… 061

4.1　引言…… 063
4.2　问题描述…… 065
4.2.1　符号与变量…… 065
4.2.2　模型假设…… 065
4.2.3　需求分析…… 066
4.3　补贴回收商模型…… 066
4.3.1　补贴回收商无再售…… 068
4.3.2　补贴回收商部分再售…… 069
4.3.3　补贴回收商全部再售…… 072

4.4 补贴制造商模型…… 074
4.5 对比分析…… 075
4.6 算例分析…… 080
4.6.1 在线回收商利润比较…… 080
4.6.2 制造商利润比较…… 081
4.6.3 回收率比较…… 082
4.6.4 回收处理基金收支平衡…… 083
4.7 本章小结…… 085

第5章 在线回收商再售渠道选择研究：自营或代理 …… 087

5.1 引言…… 089
5.2 问题描述…… 091
5.2.1 符号与变量…… 092
5.2.2 模型假设…… 092
5.2.3 需求推导…… 093
5.3 自营模式…… 093
5.3.1 部分回收…… 094
5.3.2 无回收…… 095
5.4 代理模式…… 097
5.4.1 部分回收…… 098
5.4.2 无回收…… 098
5.5 对比分析…… 100
5.6 拓展分析…… 104
5.7 算例分析…… 105
5.7.1 不完全再售时在线回收商与零售商利润对比分析…… 105
5.7.2 不完全再售时回收率和消费者剩余对比分析…… 107
5.8 本章小结…… 109

第 6 章　政府补贴对在线回收商再售渠道选择影响研究 …………… 111

6.1　引言………………………………………………………… 113

6.2　问题描述…………………………………………………… 116

6.2.1　符号与变量………………………………………… 117

6.2.2　模型假设…………………………………………… 117

6.2.3　需求分析…………………………………………… 117

6.3　考虑政府补贴的自营模式………………………………… 118

6.3.1　部分回收…………………………………………… 119

6.3.2　无回收……………………………………………… 119

6.4　考虑政府补贴的代理模式………………………………… 121

6.4.1　部分回收…………………………………………… 122

6.4.2　无回收……………………………………………… 122

6.5　对比分析…………………………………………………… 125

6.6　拓展分析…………………………………………………… 128

6.7　算例分析…………………………………………………… 130

6.7.1　不完全再售时在线回收商和零售商利润对比分析………… 130

6.7.2　不完全再售时回收率和消费者剩余对比分析……………… 132

6.8　回收成本分担协调策略…………………………………… 134

6.9　本章小结…………………………………………………… 136

第 7 章　结论与展望………………………………………… 139

7.1　主要研究结论……………………………………………… 141

7.2　局限性与展望……………………………………………… 143

参考文献 …………………………………………………… 145

第 1 章

绪 论

本章首先阐述本书的研究背景和意义；其次明确研究目标和研究内容；再次说明所使用的研究方法、技术路线以及全书的结构安排；最后总结本书可能的创新点。

1.1 研究背景和意义

1.1.1 研究背景

随着科技的进步以及居民消费水平的提升，废旧电器电子产品更新换代速度不断加快，由此造成大量废旧电器电子产品挤压消费者市场。根据工业和信息化部2017年数据，我国废旧电器电子产品量约1164万吨，其中五大类废旧电器电子产品（电视机、冰箱、空调、洗衣机和电脑）占比78%，还有上亿部手机进入淘汰期[①]。其他产品行业面临同样严峻的问题，根据商务部发布的《中国再生资源回收行业发展报告（2019）》，2019年我国报废机动车数量为229.5万辆，重量约为550万吨。此外，我国每年还会产生约2600万吨的旧衣物。数量如此庞大的废旧产品所带来的环境和社会压力与日俱增，一方面废旧产品中含有大量有害物质，如果不能妥善处置，将对生态环境以及居民健康造成严重威胁（Shi et al.，2015；卢荣花和

① https：//www.sohu.com/a/154312377_ 123753.

李南，2017；Feng et al.，2017；Wang et al.，2019）；另一方面废旧产品还占据了大量的自然资源，如果不能有效利用，将造成严重的资源浪费，不利于我国循环经济的发展（张松，2018；黄宗盛等，2019；张志清等，2019）。基于此，如何有效处理废旧产品已经成为全社会亟须解决的重要问题。

回收一直被认为是应对废旧产品的一种有效方式（Savaskan et al.，2004；Savaskan and Van Wassenhove，2006；Jun et al.，2010），通过大规模的回收可以获得可观的经济效益。一方面，传统回收商通过废旧电器电子产品提炼重金属获得收益。据美国最大的手机回收公司 Recellular 测算，1 亿部废旧手机中含有 1600 吨铜、35 吨银、3.4 吨黄金等重金属，提炼这些重金属可以获得巨大的经济收入①。另一方面，传统回收商通过拆解回收品中具有使用价值的零部件可供制造商进行再制造（Xiong et al.，2013；Li et al.，2014；Tian and Chen，2016）。据中国汽车工业协会再制造分会统计，再制造能够实现节约成本 25%以上，节能 60%以上，节材 70%以上。同时，中国纺织工业联合会公布数据表明如果我国废旧衣物全部被回收利用，相当于每年节省原油 2400 万吨。就我国而言，尽管国家发展和改革委员会早在 2001 年就启动了关于废旧产品回收处理的立法工作，并相继制定了《再生资源回收管理办法》《电子信息产品污染防治管理办法》《报废汽车回收管理办法》《废弃电器电子产品回收处理管理条例》等一系列法规，但是废旧产品回收率依然较低。据中新网 IT 频道的调查，53%的网友会将手机闲置在家，16.1%的网友选择送人，而选择以旧换新或卖给二手市场的占 14.3%②。相对我国约 10 亿部废旧手机存量而言，不足 2%的真实回收率与欧美国家相去甚远③。此外，根据环球网报道，我国每年约 2600 万

① http：//m.iwshang.com/article/24572.

② http：//www.199it.com/archives/342619.html.

③ http：//news.iqilu.com/china/gedi/2017/0523/3554771.shtml.

吨的废旧衣物中仅有不到1%被回收再利用。回收率低的主要原因包括：①回收体系不健全（Song et al.，2016）。个体回收、零售商回收以及制造商回收并行，相互竞争，一方面使消费者对回收渠道的选择产生困惑，另一方面分散的回收渠道难于管理。据中国家电研究院调研数据显示，2015年废旧电器电子产品的回收渠道中，个体回收渠道占比高达85.86%，具有环境保护部技术资质认证的正规企业（109家）回收量十分有限，废旧电器电子产品环保处理任重道远①。同时，在汽车和旧衣物回收行业该问题同样严重，具有汽车回收许可证书或旧衣物处理能力的企业往往无法获得满意的回收量。②回收成本高。回收网点的建立需要回收商租金、人力成本以及设备等的大量投入，同时消费者分布广泛，很难实现全面覆盖，有限的回收量无法使回收商实现规模经济（Wu et al.，2017）。③消费者缺乏回收参与动力。因为消费者难以向多个回收商询价，在此过程中消费者将付出较大的搜索成本，并且回收商对于废旧产品缺乏检测和评估过程，压价行为使消费者对其信任度十分有限。此外，信息产品（手机、电脑）中包含消费者的个人信息，隐私泄露也是消费者担心的重要问题②。面对如此严峻的废旧产品回收困境，虽然政府和从业者都在不断探索，但废旧产品所带来的环境压力和社会压力依然严重，因此亟须一种能够整合渠道优势资源的回收方式为废旧产品回收行业带来新的突破。

互联网的发展为废旧产品回收困境带来了新的契机。近些年，一些在线回收商应运而生，例如爱回收（www.aihuishou.com）、快收（www.kuaishou365.com）、回收哥（www.huishouge.cn）、欧燕（www.oouyan.cn）、二手车回收网（bjeshuche.bj.ganji.com）等（许开华等，2015；魏洁，2016；胡穗斌等，2016；Wang et al.，2018；Wang et al.，2019；郭燕，2019）。爱回收

---

① https://www.sohu.com/a/154639677_660993.

② http://www.199it.com/archives/342619.html.

是国内首家电器电子产品在线回收商，回收品涵盖手机、电脑、游戏机等多种类别。此类回收商的最大特点是将电子产品的回收业务与互联网相结合，形成所谓的 O2O 回收模式(许开华等，2015；Kong et al.，2017；Zand et al.，2019；Sarkar et al.，2019；Zuo et al.，2020)。相较于传统线下回收模式，O2O 在线回收具有以下优势：①对在线回收商而言，首先，企业无须面对零散消费者，不必进行大量的线下回收网店投入，降低了回收运营成本，包含租金、设备以及人员工资等(郭燕，2019)；其次，回收量提升有助于实现规模经济，爱回收 2017 年回收总量超过 1100 万台，相比 2016 年增速约 120%(Song et al.，2016；Wang et al.，2018)；最后，在线回收商通过网络平台对回收品以二手产品形式进行再售，提高产品利用率的同时为企业创收(刘慧慧等，2013；Liu et al.，2016)。②对于消费者而言，首先，可以获取比较全面的商家和服务信息；其次，消费者不仅可以方便快捷地获得产品估价，也可以进行在线比价；最后，在线回收商提供的产品质量检测评估报告和隐私清除服务大大提升了消费者信任度，有助于增强消费者参与回收动力(Feng et al.，2017；王昶等，2017；Wang et al.，2019；Zuo et al.，2020)。③对于制造商而言，在线回收商的崛起有助于其再制造事业发展。在线回收商能够作为供应商为制造商提供价格低廉的零部件。这一方面为制造商降低生产成本，提升利润(龚本刚等，2019)；另一方面实现了资源的循环利用(张迪和孟婷，2019)。虽然 O2O 回收模式作为互联网发展的产物有众多优势，但是作为一种新兴的回收模式，其还处于不成熟的发展阶段(Song et al.，2016；Gu et al.，2019)。基于此，本研究将在 O2O 模式的废旧产品回收背景下，探讨在线回收商的运营决策问题。

对于 O2O 模式的废旧产品回收商而言，其运营模式有别于传统的第三方回收模式。具体来说，在废旧产品回收方面在线回收商借助 O2O 模式无须面对零散的消费者从而节省了回收成本，同时与现代物流行业相结合提升了回收量以及回收效率。在对回收品的处理方面，传统第三方回收商通常为制造商回收业务或再制造业务的授权机构（Zou et al.，2016；Wang et al.，2017；孙浩等，2017），将回收品全部出售给制造商进行再制造或自己进行再制造。O2O 模式下在线回收商对于回收品一方面可以出售给制造商进行再制造，另一方面可对回收品以二手产品形式进行再售。此时，在线回收商既为制造商提供再制造原料，同时扮演“零售商”角色和制造商进行市场竞争。相对传统第三方回收模式而言，具有回收成本优势的在线回收商是否有动力进行再售，其再售业务是否真的损害了制造商利润，同时能否提升废旧产品回收率以及消费者剩余呢？通过对在线回收商的回收再售策略研究，剖析 O2O 回收模式的运作机理显得尤为重要。

在实际生活中，O2O 模式的在线回收商对于再售业务的实现方式具有差异性。例如，易机网（www.58yiji.com）和人人车（www.renrenche.com）等在线回收商在其回收平台直接开通二手优品板块销售回收品，而爱回收与京东达成战略合作通过京东平台再售回收品，同时欧燕回收与闲鱼、转转和京东拍拍二手等合作销售二手产品。以易机网和人人车为代表的自营模式和以爱回收、欧燕为代表的代理模式各有优劣。具体来说，自营模式下在线回收商能够更好地整合回收以及再售业务，但需要付出一定的自营成本，而代理模式虽然能够使在线回收商避免自营成本投入，却需要向零售商缴纳一定比例的代理佣金。因此，两种再售渠道孰优孰劣显得并不明朗。鉴于此，结合逆向物流研究在线回收商对回收品再售渠道选择问题显得很有必要。

随着对回收再制造产业的重视，政府也颁布了一系列法律法规引导回收产业健康发展。例如，随着生产者责任延伸制度的实施（Wang & Chen，2011），我国明确指出建立废旧电器电子产品回收处理基金，由制造商缴纳基金并对具有废旧品拆解资质的企业根据其拆解数量给予补贴。回收处理基金一方面加剧了正向物流的双重边际效应，另一方面提升了回收企业的回收拆解动力，因此有必要研究回收处理基金对在线回收商回收再售策略的影响。此外，政府为推动国内消费升级推出家电补贴政策和新能源汽车补贴政策，该政策增加了新产品的市场竞争力，是否能够弥补在线回收商再售行为对新产品正向物流造成的侵蚀？同时，该政策将对在线回收商形成再售阻力，是否使在线回收商更青睐于代理模式进行再售？基于此，在 O2O 模式下研究政府补贴政策对在线回收商再售渠道选择的影响也很有必要。

1.1.2 研究意义

本研究在 O2O 回收的背景下以废旧产品回收商为研究对象，分析其回收再售策略选择，并考察政府政策对其回收再售策略的影响。对 O2O 模式下回收商回收再售问题的研究具有重要的理论和实践意义。

(1)理论意义。首先，立足于新环境、新模式下的逆向物流问题，将回收再制造问题由线下拓展至线上，并在传统回收再制造问题的基础上，融合 O2O 回收低成本以及对回收品再售的新特征建立在线回收模型，为闭环供应链研究开辟了新的研究领域。其次，在逆向物流中首次考察零售商与在线回收商的竞合关系，研究核心由以往回收渠道选择和再制造竞争转变为对回收品的再售渠道选择问题，丰富了逆向物流理论研究的角度。最后，O2O 回收模式下回收商不仅像传统第三方回收商一样为制造商提供再制造原料，也和制造商进行市场竞争，而不同再售渠道策略下在线回收商与零售商的竞合关系也在发生微妙变化。因此，以往关于政府政策对逆向物流影响的研究不足以解决 O2O 模式下在线回收商所面临的新问题，故该研究有助于丰富政府政策对在线回收行业影响的理论研究。

(2)实践意义。首先，通过对 O2O 模式下回收商回收再售策略的研究，为其制定行之有效的回收再售方案；其次，为制造商和零售商提供应对在线回收商再售业务的生产和采购计划，进一步提升供应链效率以及稳定性；最后，为政府废旧产品回收政策的制定提供决策依据。

1.2 研究目标与内容

1.2.1 研究目标

O2O模式下的在线回收产业近些年才逐渐兴起，仍处于起步阶段。虽然有部分学者从消费者在线回收参与意愿以及处理商是否应该开通在线回收渠道等方面进行了探讨（王昶等，2017；Feng et al.，2017；Wang et al.，2019；Li et al.，2019；张迪和孟婷，2019），但从整体来看关于O2O模式下在线回收问题的研究依然较为匮乏。鉴于此，本书考虑由制造商、在线回收商、零售商及政府等组成的O2O回收闭环供应链系统，如图1.1所示。以在线回收商为核心研究对象，分析其回收再售策略选择，并考察不同回收再售策略下制造商、零售商的最优决策。同时，探讨政府政策对在线回收商回收再售策略的影响。

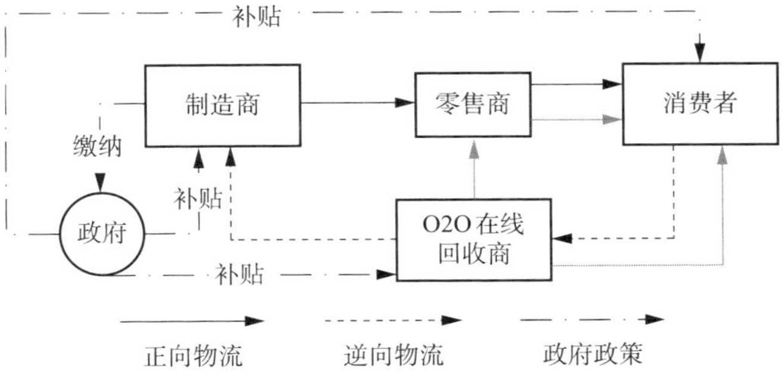

图1.1 O2O回收闭环供应链系统

希望本研究能够达到如下研究目标：

首先，在制造商和在线回收商组成的闭环供应链系统中，一方面剖析在线回收商回收与再售的动因，另一方面研究政府回收处理基金对在线回收商回收再售策略、制造商生产策略以及消费者剩余的作用机理。

其次，在零售商和在线回收商组成的逆向物流中，一方面揭示在线回收商和零售商对不同再售渠道差异性偏好的内在原因，另一方面考察政府消费者补贴政策影响下不同再售渠道中供应链成员最优决策以及消费者剩余和回收率的变化情况。

1.2.2 研究内容

为了更好地实现以上研究目标，设计如下四项具体研究内容：

(1)在传统无再售回收模型的基础上建立在线回收模型，一方面分析在线回收商是否有动力进行再售，另一方面考察在线回收商的回收再售策略。同时，相较于传统回收，研究在线回收能否给制造商带来更多收益，消费者剩余以及回收率是否能够得到有效提升。(研究内容 1)

(2)基于政府回收处理基金考察在线回收商的回收再售策略。政府一方面从制造商处收取回收处理基金，另一方面对废旧产品拆解企业进行补贴。首先，建立在线回收商获得拆解补贴的决策模型；其次，建立制造商获得拆解补贴的决策模型，分析回收处理基金对不同补贴模型下在线回收商回收再售策略的影响。(研究内容 2)

(3)考察在线回收商对回收品的再售渠道选择问题，分别建立在线回收商自营再售业务的自营模型和通过零售商再售的代理模型。对比分析两个模型，得出在线回收商的最优再售渠道选择，并分析不同再售渠道下零售商、回收率以及消费者剩余的变化情况。(研究内容 3)

(4)研究政府消费者补贴政策对在线回收商再售渠道选择的影响。消费者补贴政策有助于提升零售商新产品的市场竞争力，从而对在线回收商二手产品造成挤对。此时，在线回收商是否更青睐于代理模式销售回收品呢？政府补贴政策的引入也将对零售商、回收率和消费者剩余产生新的影

响。（研究内容4）

四项研究内容之间的关系如图1.2所示。从研究内容1分化出政策影响和再售渠道选择两个方向，并对应研究内容2以及研究内容3，最后研究内容4综合考虑政府政策对再售渠道选择的影响，整体呈现总—分—总结构。

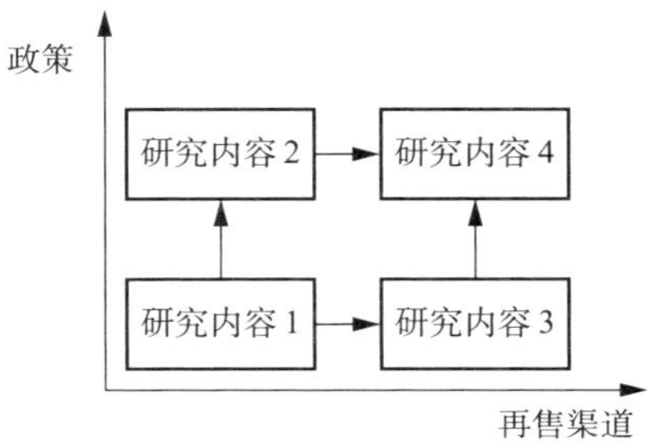

图1.2 研究内容之间的关系

1.3 研究方法、技术路线和结构安排

1.3.1 研究方法

根据Savaskan等(2004)、Shi等(2015)、路应金等(2018)以及石纯来和聂佳佳(2019)等的研究，本书将博弈论和运筹学相关理论作为主要研究方法。研究涉及在线回收商、制造商以及零售商等多个决策主体且每个决策主体都存在至少两个选择(策略)，同时每个决策主体通过自己的选择行为以实现收益最大化，故博弈论是适合本研究的一种重要研究方法。此外，各决策主体的选择面临一定的约束条件，例如在回收阶段，回收商回收量受制造商产量的约束；在再售阶段，在线回收商再售量受到回收量的约束。此时，运筹学中非线性规划理论可以给予很好的理论支撑。

在模型研究中涉及多个模型之间的对比分析，例如在线回收模型与传统回收模型、代理模型与自营模型以及补贴回收商决策模型和补贴制造商决策模型，因此对比分析方法不可或缺。通过对比分析的方法可以较为清晰地判断不同模型之间的差异性，为各决策主体提供策略选择的理论支撑。最后，在模型研究的基础上借助数值分析的方法，对部分结论进行补充。特别是在无法通过解析式求得解析解的情形下，数值分析不失为一种有效的研究方法，通过变量赋值降低分析难度，较为清晰地呈现研究结论。该方法在以往研究中已被大量学者使用，例如 Jun 和 Min（2010）、Huang 等（2013）、Xiong 等（2013）、Zou 等（2016）、石纯来和聂佳佳（2019）以及张盼和熊中楷（2019）等。

1.3.2 技术路线

随着信息技术以及电子商务的不断发展，"互联网+回收"的在线回收行业应运而生。虽然在线回收具有方便快捷、回收成本低以及回收价格透明等众多优势，但作为新兴的回收模式依然存在诸多运营管理问题亟须解决，由此提出了本书的科学问题。针对 O2O 回收模式下的现状问题，通过对回收再制造、在线回收与再售以及政府政策等相关文献的回顾，提出本研究的四项核心研究内容：首先，考察在线回收商的再售动力问题，解决在线回收商是否要进行再售的关键问题，主要体现在研究内容 1 和研究内容 2。在传统无再售的闭环供应链模型基础上考虑回收成本优势以及再售行为建立在线回收模型（研究内容 1）。其次，在研究内容 1 的基础上，考察政府回收处理基金对在线回收商回收再售策略的影响（研究内容 2）。再次，研究在线回收商的再售渠道选择问题，解决如何再售的关键问题，主要体现在研究内容 3 和研究内容 4 中。在研究内容 1 的基础上，分析在线回收商对回收品的再售渠道选择问题，即代理模式还是自营模式（研究内容 3）。最后，在研究内容 3 的基础上，探讨政府消费者补贴政策对在线回收商再售渠道选择的影响（研究内容 4）。技术路线如图 1.3 所示。

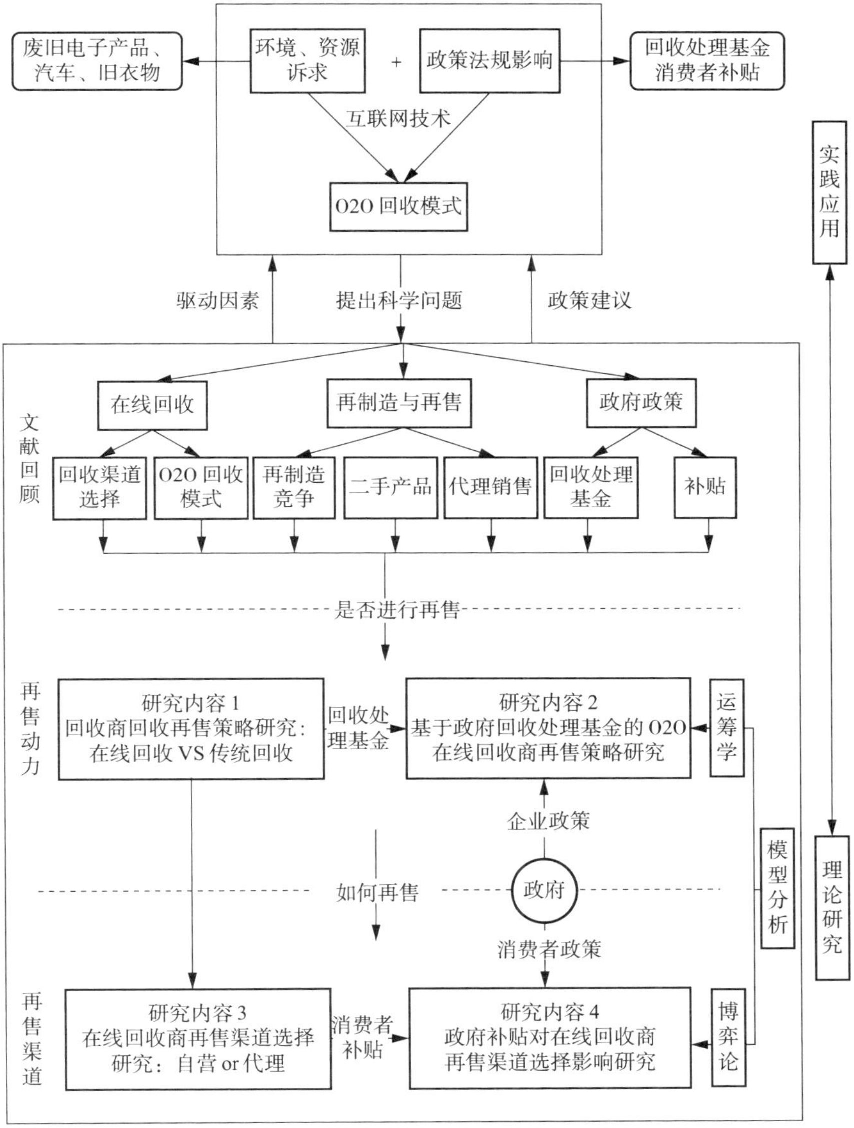

图 1.3　技术路线

1.3.3　结构安排

本书由七个章节构成，具体如下所述：

第 1 章为绪论。主要阐述该研究的背景和意义，并介绍相关的研究目标、研究方法以及技术路线等。

第 2 章为文献综述。该章回顾了与本研究相关的部分文献，主要集中于在线回收、再制造与再售以及政府政策等方面。通过文献回顾，一方面为本研究提供理论支撑，另一方面突出本研究的理论创新。

第 3 章以无再售的传统闭环供应链模型为基准，构建在线回收模型。分析在线回收商的再售动力，以及在线回收商不同回收再售策略对制造商、回收率和消费者剩余的影响。在线回收的成本优势，在一定条件下可以实现企业、环境和消费者的协调。

第 4 章基于政府回收处理基金，分别建立在线回收商或制造商获得拆解补贴的决策模型，分析回收处理基金对在线回收商回收再售策略的影响。政府拆解补贴可以增强在线回收商回收意愿，却降低了其再售意愿，而制造商获得拆解补贴时自身利润未必优于在线回收商获得拆解补贴。

第 5 章建立在线回收商再售业务的自营模型和通过零售商再售的代理模型，分析在线回收商的再售渠道选择。自营模型下所投入的固定成本是影响在线回收商决策的重要因素，零售商偏好于代理模式，而回收率和消费者剩余在自营模型下较优。

第 6 章考虑政府消费者补贴政策对在线回收商再售渠道选择的影响，分别建立政府补贴影响下的自营模型和代理模型。政府消费者补贴有助于改善代理模型中消费者剩余，并在回收成本分担契约影响下实现企业、消费者和环境在代理模型下的协调。

第 7 章是结论与展望。首先总结了全书的主要结论，其次指出本研究的不足并明确未来的研究方向。

1.4 本书创新点

本书在O2O模式的废旧产品回收背景下，研究了在线回收商的回收再售策略选择问题，并考虑了政府政策的影响。本研究的创新性可归纳为以下几点：

创新点1：在传统回收再制造闭环供应链模型中，通常考虑第三方回收商为制造商回收业务的外包机构（Savaskan et al.，2004；Wu & Zhou，2017；路应金等，2018），第三方回收商将回收品转售给制造商进行再制造，而忽视了回收商对回收品以二手产品形式进行再售的问题。本研究在传统回收再制造模型的基础上考虑再售策略建立在线回收模型，并融入在线回收商的回收成本优势，考察O2O模式下在线回收商的再售动力以及对制造商决策的影响，从而弥补了闭环供应链领域关于回收品再售策略问题研究的不足。研究发现在线回收商有较强的再售动力，且在线回收模型中回收率和消费者剩余较优。对于制造商而言，在某些回收再售策略下在线回收商的回收成本优势能够提升回收量从而间接地提高了制造商的再制造水平，形成回收商、制造商和消费者的多方共赢。

创新点2：虽然在电商渠道建设研究方面部分学者探讨了制造商或零售商自建在线渠道或通过平台卖场以代理方式实现在线销售的问题（许垒和李勇建，2013；Cao & He，2016；Tan & Carrillo，2017；梁喜等，2018），但结合逆向物流考虑回收企业对二手产品再售渠道选择的研究较为匮乏。本研究在考虑零售商新产品竞争的情形下，首次在逆向物流中分析了在线回收商的再售渠道选择问题，并分别建立了在线回收商自营再售业务（自营模式）或通过零售商代理再售业务（代理模式）的决策模型。对比分析两种再售模型发现若自营再售业务所投入的固定成本较低，则在线回收商选择自营模式，此时较大的回收量以及较低的销售价格提升了回收率和消费者剩余，但零售商偏好于代理模式。在线回收商、零售商和消费者无法实现三者协调。

创新点 3：在废旧产品回收和销售政策方面，虽然有部分学者对相关政策进行了研究(马卫民和赵璋，2014；马祖军等，2016；赵敬华和林杰，2017；Wang et al.，2018)，但 O2O 模式下在线回收商的再售行为使回收商与制造商或零售商的竞合关系发生了新的变化，因此以往研究内容不足以解决在线回收领域所面临的新问题。基于此，本书进一步分析了回收处理基金和消费者补贴政策对在线回收商回收再售策略的影响，从而有效弥补了回收处理基金和消费者补贴政策在在线回收领域研究的不足。研究发现虽然回收处理基金有助于提升在线回收商的再售动力，但损害制造商生产热情以及消费者剩余，而消费者补贴政策虽然形成对在线回收商的再售阻力，但在一定程度上提升了零售商销售热情和消费者剩余。

第 2 章

文献综述

与该研究相关的文献主要源于三个方面：在线回收、再制造与再售以及政府政策。接下来对相关文献进行回顾，并进行文献评析以突出本书研究的必要性和理论创新。

2.1 在线回收

随着消费者市场中废旧产品的不断增多，废旧产品所产生的环境污染和资源浪费问题逐渐成为全社会关注的焦点。回收被认为是应对废旧产品的有效方式（Savaskan et al.，2004；Huang et al.，2013；Shi et al.，2015），但现实生活中回收渠道纷繁复杂，通过何种回收渠道能实现高效回收的问题一直为学者所关注。Savaskan 等（2004）较早地对回收渠道问题进行了研究，并提出三种经典的回收模型，即零售商回收、制造商回收以及第三方回收。在此基础上，Savaskan 和 Van Wassenhove（2006）在零售竞争环境下研究了制造商回收渠道选择问题，而 Jun 和 Min（2010）以及卢荣花和李南（2017）进一步考虑了具有成本差异的竞争性零售商，发现当成本结构相同时，制造商回收渠道选择不受竞争强度的影响，而成本结构不同时，零售商竞争强度对制造商渠道选择影响带有不确定性，同时制造商适当地降低转移价格有助于提升自身利润。近期，张志清等（2019）以报废汽车为研究对象，在制造商主导的前提下提出了基于企业社会责任的报废汽车回收模型，研究发现不论是否考虑企业社会责任，随着政府奖励的增加，制造商选择自己回收为最优方案。此外，一些学者从制造商产能约束（舒秘和聂佳佳，2015）、产品差异性（聂佳佳和邓东方，2014）、回收责任分担（Shi et al.，2015）、回收成本结构（Chuang et al.，2014；Atasu et al.，2013）以及供应链成员风险规避（Kusukawa & Paku，2018）等角度进行了拓展研究。多种回收渠道存在，必然引起回收渠道之间的竞争。在零售商和第三方回收商回收竞争方面，Huang 等（2013）研究发现回收竞争降低了回收价格却增加了回收量，导致制造商利润和消费者剩余提升。同时，Yi 等（2016）、Giri 等（2017）、Taleizadeh 等（2018）和路应金等（2018）从回收责任分担、零售商竞争、制造商双渠道以及第三方回收规模经济等角度研究了第三方回收商和零售商的回收竞争问题。在制造商与第三方回收商竞争方面，Ferguson 和 Toktay（2006）研究了两阶段下制造商与独立第三方再制造商的竞争问题，探讨了制造商开通再制造业务的条件。在此基础上，Liu 和 Zhang（2018）研究发现若制造商开通直销渠道和回收业务，则供应链中将存在零售商与制造商的正向竞争以及回收商和制造商的逆向竞争，随着竞争强度的增大价格战变得激烈，供应链成员利润都将遭受损失。在制造商回收的基础上零售商有动力参与回收，但回收竞争并不能提升回收效率，而通过契约机制可以有效实现供应链协调（He et al.，2019）。Liu 等（2017）综合研究了三种回收竞争模式（第三方回收+制造商回收、第三方回收+零售商回收、制造商回收+零售商回收），发现三种回收模式中，无论竞争强度如何，制造商回收+零售商回收模式均为最优。此外，Gu 和 Gao（2012）研究了供应链竞争下回收渠道选择问题，发现若制造商将再制造节约收益转移给零售商，则零售商回收模式为最优选择，而 Wu 和 Zhou（2017）在 Savaskan 等（2004）研究的基础上考察供应链竞争情形下回收渠道的均衡，发现两个无差异的闭环供应链在回收渠道选择方面存在非对称性且产生囚徒困境。最后，可通过 Souza（2013）、Islam 和 Huda（2018）以及 Govindan 等（2015）关于回收问题的综述分析进一步了解回收产业的发展。

虽然众多学者从不同角度对回收渠道问题进行了深入研究，但依然未能有效提升现实生活中的废旧产品回收率，回收体系建设一直都是我国回收产业发展的薄弱环节（Song et al.，2016；魏洁，2016；Gu et al.，2019）。近年来，随着互联网的发展，“互联网+回收”的 O2O 回收模式逐渐兴起，2016 年商务部、国家发展和改革委员会以及工业和信息化部等六部委联合发布《关于推进再生资源回收行业转型升级的意见》，后又推出《中国再生资源回收行业发展报告（2018）》，明确指出将“互联网+回收”模式作为未来回收产业转型升级的重要方向（再生资源协会，2016；宋庆彬等，2016）。张松（2018）进一步论证了再生资源回收产业转型升级的必要性。随着“互联网+回收”产业的发展涌现出一大批在线回收商，例如爱回收、回收哥、快收、欧燕以及白鲸鱼（www.jiuyf.com）等，在线回收的运作模式逐渐被学者所关注（赵毅，2017）。许开华等（2015）以回收哥为例对在线回收行业进行研究，发现在线回收是推动城市居民参与废旧电子产品回收分类的有效办法。在此基础上，Wei 等（2016）、Wang 等（2018）以及 Zuo 等（2020）对国内多家具有代表性的“互联网+回收”企业进行了调查研究，提出了不同的 O2O 回收运作模式，并指出 O2O 回收模式因降低交易成本、扩大回收范围和规模、促进 WEEE 的高效回收而在资本市场和客户中广受欢迎。同时，郭燕（2019）、张迪和孟婷（2019）以及胡穗斌等（2016）分别对旧衣物和汽车回收的“互联网+”模式进行了探讨，发现该回收模式具有创新性，能够更好地实现资源的循环利用，繁荣旧货市场。郭燕（2018）对全国 12 个城市的 29 家旧衣物回收再利用企业和机构进行了实地调研，指出我国旧衣物回收再利用行业市场前景广阔，行业龙头企业已经初具规模，实现了较好的盈利性。在对“收衣先生”案例的分析中，郭燕（2019）进一步发现 O2O 模式下通过线上和线下的资源对接，可以有效降低运营成本，快速覆盖线上人群，推动了闲置衣物的资源化再利用。因此，本研究不再局限于比较制造商回收、零售商回收和第三方回收之间的优劣关系，而是立足于在线回收领域，结合 O2O 回收模式下在线回收商方便快捷、低回收成本以及将回收品以二手产品形式进行再售的新特点，考察 O2O 模式下在线回收商所面临的新问题。

随着“互联网+回收”的发展，在线回收问题也逐渐被学者所关注，例如 Hamzaoui 和 Lintion(2010) 以及王昶等(2017) 以实证方式分析了居民参与在线回收的意愿，发现感知有用性、感知收益和主观规范对消费者参与回收有正向作用，但感知功能风险与消费者参与意愿负相关。之后，Wang 等(2019) 研究发现与传统回收方式相比，网上回收的便利性是居民参与网上回收最具吸引力的因素，同时感知行为控制、主观规范、态度和经济动机对参与网上回收行为的意愿有显著的正向影响。在模型研究方面，Feng 等(2017) 考察了单一传统回收、单一在线回收以及混合回收三种模式，发现混合回收模式优于单一回收模式，且通过两部分关税契约和利益分享契约能够实现供应链协调，达到共赢的目的。在此基础上，Li 等(2019) 考虑再制造品需求的不确定性，发现在线回收对再制造商总是有益的，但损害了回收商收益，在不确定性的影响下混合回收渠道未必优于单一回收渠道。当在线回收与传统回收竞争时，若再制造商灵敏度提高，则系统会发生混沌现象，但随着政府对环境保护重视程度的调整，混乱局面可以得到有效控制，系统效益也会提升(Ma and Ren，2018)。在线回收的出现可能会打破原供应链的平衡，从而引起渠道冲突。Kong 等(2017) 以及 Jian 等(2019) 在不同供应链结构下分别通过制造商主导的收益分享合同与双边成本分担契约实现了供应链协调。此外，一些学者从政府产品绿色限制(Zand et al.，2019)、回收商公平关切(王玉燕和李璟，2018) 以及消费者渠道偏好（许民利等，2019）等角度对在线回收问题进行了深入研究。最后，Sun 等（2018）分析了 WEEE 在线回收业务生态系统的结构，重点对嵌入式商业生态系统和中央商业生态系统进行了研究。

以上研究主要集中于回收意愿调查、处理商是否开通在线回收渠道和在线回收系统构建等方面，鲜有学者考虑在线回收商回收成本优势以及再售策略对供应链决策的影响。虽然刘慧慧等（2013）和 Liu 等（2016）考虑了正规与非正规回收商的回收再售竞争问题，但研究重点为两种回收渠道的价格竞争以及政府回收处理基金对回收产业的引导作用，并未深入研究回收商再售策略对制造商再制造和正向物流决策的影响。基于此，本研究将在闭环供应链中同时考虑制造商再制造和在线回收商的再售策略，旨在为在线回收商提供一个合理的回收品处理方案，并考察再售策略对制造商生产策略的影响。

2.2　再制造与再售

在关于废旧产品处理方式的研究中大部分学者将目光聚集在再制造方面。Agrawal 等（2015）通过行为研究的方式发现制造商自己再制造将降低消费者对新产品的感知价格，而第三方再制造商进行再制造反而提升了消费者对新产品的感知价格，因此制造商参与回收再制造可能损害自身收益。Xiong 等（2013）在对一个由关键零件供应商和非集成制造商组成的闭环供应链系统研究中同样发现制造商的再制造行为可能损害供应商和自身利润。面对独立再制造商的竞争威胁，制造商通常对独立再制造商实施授权或外包策略，Zou 等（2016）研究发现若消费者对再制造品认同感较低，则第三方再制造商偏好授权方式，否则偏好外包方式。对于制造商而言，外包方式可获得更高利润。从企业利润和环境保护综合权衡的角度考虑，发现当再制造外包时，若第三方回收商具有领导权，则再制造对环境更有利(Wang et al., 2017)。孙浩等(2017)从环境绩效角度出发，研究发现无专利授权的竞争模式下回收率最高，而专利授权的竞争模式下回收率最低。若考虑具有产品差异性的竞争性制造商与再制造商构成的供应链系统，则高端制造商对再制造商的专利许可有助于提升自身竞争力，进一步扩大新产品与再制造产品的差异化(刘志等，2018)。在逆向物流研究的其他方面，若双渠道制造商进行再制造，则有助于缓解双渠道冲突(Gan et al., 2017；郑本荣等，2018)，而 Yan 等(2015)研究了双渠道制造商对再制造品的销售渠道选择问题，发现制造商通过直销渠道销售再制造品更为环保。唐飞和许茂增(2019)、Huang 和 Wang(2018)以及闻卉等(2017)研究了制造商专利许可零售商再制造或技术许可第三方进行再制造时的供应链决策和协调问题。当再制造成本不确定时，Han 等(2017)研究了强势零售商的决策问题，而 Wu 等(2018)考虑零售商竞争对闭环供应链的影响。公彦德和达庆利(2015)以及张福安等(2016)从制造商主导或零售商主导的角度研究了闭环供应链物流业务的运营模式选择问题，即自营或外包。此外，还有一些学者从回收成本信息的不对称性(张盼和熊中楷，2019)、新产品和再制造产品的生产线设计(Aydin et al., 2016)、消费者偏好(Genc and De，2017)、库存(Yuan and Gao，2010)和政府补贴(He et al., 2019)等角度研究了逆向物流再制造问题。

虽然再制造是处理回收品的一种有效方式，但 O2O 模式下在线回收商将部分回收品以二手产品形式再售，从而增强了在线回收商对回收品处理的灵活性。二手产品对供应链决策影响的问题一直被学者关注，例如孙浩和达庆利(2010)借助系统动力学方法研究了开环结构下的逆向物流系统，发现若二手产品市场较大，则厂商对逆向物流的前期投入能够收到较高的回报。在此基础上，许茂增和唐飞(2014)研究发现再制造品和二手产品会侵占新产品市场，当制造商参与再制造且经销商销售二手产品时供应链成员利润以及消费者剩余最优，而 Chen 和 Chen（2019）对制造商、再制造商以及翻新厂商组成的供应链系统进行研究，发现虽然翻新和再制造能够给环境和社会带来正面影响，但制造商倾向于阻止任何形式的翻新和再制造行为。在零售商回收再售的模型中，无论回收成本高低，零售商都有动力销售二手产品，但当旧产品回收成本较高时，零售商的二手产品业务损害制造商收益（赵培等，2015），而 Ackerman 和 Hu（2017）以及 Patricia 等（2018）的研究却发现二手产品的存在反而增强了消费者对新产品的购买意愿，从而提升制造商利润。胡穗斌等（2016）在对“互联网+二手汽车”的研究中发现借助电商平台活跃二手车交易对环境质量和新车市场都有促进作用。此外，一些学者从退货政策（Vorasayan and Ryan，2006）、专利保护（高攀和丁雪峰，2017）以及二手产品厂商技术水平（王艳阳和许雪琦，2018）等角度对二手产品销售问题进行了深入研究。以上研究更多的是从制造商或零售商角度对二手产品销售问题进行分析，未有学者在 O2O 模式下研究在线回收商的二手产品销售问题。

现实生活中，在线回收商可以通过不同渠道实现其二手产品销售业务（Guo et al.，2020），一方面在线回收商可以通过自身回收平台自营再售业务[例如易机网、人人车、gazelle（www.gazelle.com）]，另一方面可以借助零售商卖场以代理形式进行再售[例如回收哥、欧燕、Usell（www.usell.com）]。代理销售问题虽然一直被学者关注，但研究内容主要集中于电商渠道建设方面。首先，从零售商是否愿意提供卖场的角度进行分析，Hagiu（2007）较早地对平台模式进行了研究，发现当卖方投资激励较高或卖方产品质量信息不对称时，平台模式是首选。以亚马逊为例，发现亚马逊倾向于销售高需求产品，并将长尾产品留给独立卖家销售（Jiang et al.，2011）。在此基础上，Mantin 等（2014）研究了零售商在分销基础上开通卖场的战略意义，发现卖场的开通有助于提升零售商与制造商的谈判地位，在某种程度上缓和下游竞争，同时提升消费者剩余。而 Hagiu 和 Wright（2015）以及 Abhishek 等（2016）研究发现对于零售商而言采用平台模式还是分销模式主要取决于产品或渠道间溢出效应的影响。Tan 和 Carrillo（2017）对数字产品研究发现收益共享以及上游制造商对零售价格的控制有利于零售商选择代理模式。网络零售商平台化，对自身以及制造商可能有利，却损害了传统零售商的利润，会引起一定的渠道冲突（梁喜和郭瑾，2016）。其次，从制造商或供应商是否应该开通代理渠道的角度分析，许垒和李勇建（2013）发现制造商对第三方代理模式的选择取决于佣金比例的大小。传统观点认为，代理模式将通过收入分享契约减弱双重边际效应，并使零售商和供应商共同受益，而 Lin 等（2018）研究发现供应商之间的上游竞争严重地抑制了这种可能性。梁喜等（2018）研究了制造商在传统线下零售渠道的基础上开通线上直销、线上分销和线上代销三种双渠道模式的优劣，发现当线上直销成本和佣金比例控制在一定范围内时，线上代销和线上直销双渠道模式下制造商利润优于线上分销双渠道。在此基础上，进一步研究发现线下分销与线上平台（分销+代理）组合的混合渠道模式对传统零售商和制造商更有利（梁喜和蒋琼，2019）。Tan 和 Carrillo（2014）以数字产品为研究对象，通过建立一个既能适应传统商品销售又能适应数字商品销售的双渠道分销模型，研究发现代理模式下的数字商品均衡价格低于传统的批发价格模式。同时，Tan 等（2016）通过研究由单一供应商和两个竞争零售商组成的供应链，发现相较于批发价格模型，代理模型通过佣金比例的调整更容易实现供应链协调。最后，在第三方零售商是否开通代理渠道方面，Bernstein 等（2008）研究发现佣金比例也是影响第三方零售商是否进入平台型零售商卖场的重要因素。在此基础上，Cao 和 He（2016）研究了网络零售商与第三方卖家之间的竞争问题，发现佣金比例对第三方卖家的销售努力水平有负面影响，同时平台可以从第三方卖家的销售努力中搭便车，而平台的销售努力对第三方卖家的利润有负面影响。综上所述，以上研究主要集中于讨论零售商是否提供卖场，制造商或第三方零售商是否开通代理渠道的问题，而本书在以往研究的基础上，将在线回收商作为研究对象，在逆向物流中讨论回收商对二手产品再售渠道的选择问题。

2.3　政府政策

为促进循环经济的发展，不同国家和地区纷纷出台一系列政策引导和鼓励企业进行回收再制造，政策影响下的逆向物流运营管理问题一直都是学术研究的焦点。与本研究相关的政府政策主要有回收处理基金和补贴两个方面。

在回收处理基金方面，随着国家《废弃电器电子产品回收处理管理条例》的颁布，众多学者对政府回收处理基金问题进行了研究。余福茂等(2014)研究发现在补贴额度不变的情况下，政府给予生产厂商一定的责任，有助于在经销商回收和第三方回收模式下提升回收率，该研究为政府处理基金的实施提供了重要的理论依据。回收处理基金的实施也具有两面性，一方面对处理商的补贴有助于提升回收价格和回收量，另一方面政府对制造商收取的基金费用加重了正向物流的双重边际效应(李新然和陈蓉，2015；赵晓敏等，2018)。由于回收处理基金对供应链影响的两面性，王玉燕和申亮(2018)在基于回收处理基金的多元主导闭环供应链研究中发现闭环供应链各成员利润与其主导权利正相关，回收处理基金对制造商的影响带有不确定性。面对非正规回收渠道与正规回收渠道竞争的问题，刘慧慧等(2013)研究发现当补贴额度较低时，政府补贴可以有效刺激回收量的增长、扶持正规企业的发展，但随着补贴额度的提升补贴对回收总量的刺激作用减弱。在此基础上，Liu 等(2016)进一步研究发现当废旧产品质量较高时，若政府补贴水平较低，则非正规渠道占据市场对正规渠道造成挤对，同时刘慧慧和刘涛(2017)研究了政府补贴和市场合作双重作用下正规回收渠道的发展问题。此外，Hong 等(2014)讨论了多个生产商和多个回收商竞争环境下如何协调对生产企业的收费以及对回收企业的补贴机制问题，而马祖军等(2016)研究了回收处理基金对多渠道回收竞争的影响，并进一步比较分析了 RF(Recycling Fund)政策与 PAYT(Pay As You Throw)政策的差异，发现 PAYT 政策下零售商利润和消费者剩余较优，而 RF 政策下社会福利较优(Ma et al.，2018)。龚本刚等(2019)考虑《报废机动车回收拆解管理条例》中涉及再制造的相关建议，研究了汽车生产商和汽车拆解商之间的报废汽车回收拆解合作决策问题，发现即使生产厂商给予拆解厂商技术支持和拆解补贴也不能够保证实现再制造汽车产量和再制造率的提升。虽然众多学者对回收处理基金和拆解补贴问题进行研究，但尚无文献在 O2O 模式下研究政府回收处理基金对在线回收商回收再售策略影响的问题。

在回收或再制造补贴方面，Mitra 和 Webster(2008)分别建立补贴制造商、补贴再制造商或者同时补贴的决策模型，发现单独补贴策略仅能够使一方获益，不利于供应链协调，而补贴分享策略在一定程度上能在保证双方收益的基础上促进再制造活动。在此基础上，申成然等(2013)考虑了专利许可费对政府不同补贴对象的影响，分别建立补贴制造商和补贴第三方再制造商的两种决策模型，发现制造商可以通过收取专利许可费的方式与第三方再制造商分享再制造以及政府补贴所带来的收益，而徐兵和杨金梅(2013)研究了链与链竞争情形下政府补贴的效率问题，发现基于经济—环境效益最大化所制定的补贴最有利于促进逆向物流发展。赵敬华和林杰(2017)全面深入地研究了政府补贴对象问题，分别探讨了补贴制造商、零售商、第三方以及消费者的四种补贴模式，发现政府补贴消费者或零售商提升了批发价格和零售价格，降低了回收价格和转移价格，致使渠道成员的利润较低；当政府补贴制造商和第三方回收商时结论相反。而朱庆华和李幻云(2019)比较分析了政府回收补贴与规范对报废汽车市场回收效率的影响，发现相较于规范非正规回收渠道，补贴正规回收渠道更有利于回收市场的健康发展。虽然政府补贴有助于提升回收率，但可能引起供应链冲突(Wang et al.，2014；史成东，2015；张志宇，2019)。张志宇(2019)在考虑新产品和再制造品差异情况下，发现政府补贴将导致供应链双重边际效应加剧，而通过收益—费用共享契约能够实现帕累托改进和闭环供应链协调，史成东(2015)在其研究中也得出了类似结论。Wang 等(2014)研究发现较高或较低的补贴水平都将加剧市场竞争，仅当补贴水平居中时制造商和再制造商才能够和谐共处。此外，张汉江等(2016)通过建立以政府为领导者，制造商、再制造商以及回收商为跟随者的多阶段决策模型，研究发现政府再制造补贴可以有效提升再制造品的竞争力，同时回收激励契约有助于再制造效率的提升。

在以旧换新补贴方面，马卫民和赵璋(2012)研究发现以旧换新对制造商和第三方回收商总是有益，但对消费者和零售商的影响带有不确定性，进一步研究发现以旧换新补贴促使制造商单位利润增加，并增强了低端制造商决策对高端制造商的影响(马卫民和赵璋，2013)，同时随着以旧换新消费者比例的增大，消费者剩余降低(马卫民和赵璋，2014)。在此基础上，田立平等(2019)研究了以旧换新补贴政策对零售商回收决策模型的影响，发现相较于分散模式，集中模式下新产品和再制造品售价较低，消费者剩余和企业利润较优。李春发和朱浪梅(2017)结合政府 EPR(生产责任延伸)制度，研究了企业是否应该实施以旧换新补贴策略，发现相对于单一定价策略而言，以旧换新策略能够为企业带来更多利润。Ma 等(2013)

在零售商（传统零售商和在线零售商）竞争环境下，发现政府以旧换新补贴政策能够提升制造商和传统零售商收益，但对在线零售商具有不确定性，进一步研究发现同时开通以旧换新和再制造业务对企业未必有利（Ma et al.，2017）。此外，还有一些学者对以旧换新补贴政策进行了研究，例如李新然和吴义彪（2015）、夏西强等（2017）以及朱庆华等（2017）。综上所述，对政府补贴的研究主要集中于再制造补贴、回收补贴以及以旧换新补贴三个方面，相对于以上补贴政策，本书所考虑的政府家电补贴政策不再局限于刺激逆向物流提升回收量，而是从正向物流角度出发，考察正向物流变化对在线回收商回收再售策略的影响。目前尚无文献研究家电补贴政策对 O2O 模式下在线回收商再售渠道选择问题。

2.4 文献评析

综上所述，在逆向物流研究领域已经积累了丰富的研究成果，为本研究提供了很好的理论基础。但综观以上研究在以下三个方面仍有不足：

（1）回收渠道选择问题一直为众多学者（Savaskan et al.，2004；Huang et al.，2013；聂佳佳和邓东方，2014；路应金等，2018）所关注，但研究内容主要局限于比较多种线下回收渠道的优劣，鲜有学者以 O2O 模式下的在线回收商作为研究对象分析其运营决策问题。尽管 Zuo 等（2020）、Wang 等（2019）、Feng 等（2017）以及 Li 等（2019）从回收系统构建、消费者在线回收参与意愿以及处理商是否开通在线回收渠道等方面进行了研究，但忽视了在线回收商对回收品的再售问题，更缺乏对制造商应对在线回收商再售策略的分析。基于此，为了弥补现有文献的不足，本研究以在线回收商为研究对象，并结合 O2O 模式低回收成本和再售的特点，考察在线回收商的最优回收再售方案。

(2)再制造一直被认为是处理废旧电器电子产品的有效方式(Xiong et al., 2013; Zou et al., 2016; Huang and Wang, 2018),而在线回收商一方面可以将回收品出售给制造商进行再制造,另一方面可将回收品以二手产品形式进行再售,但对在线回收商回收再售问题的研究较为缺乏。虽然部分学者(许茂增和唐飞,2014;赵培等,2015;Chen and Chen,2019)从制造商和经销商角度分析了二手产品销售问题,但尚未有文献结合O2O模式从回收商角度研究二手产品的销售问题,更鲜有学者分析O2O模式下在线回收商对二手产品销售渠道的选择问题。因此,为弥补现有文献的不足,本研究在O2O模式下分析在线回收商对回收品的最优再售渠道选择问题。

(3)虽然众多学者(余福茂等,2014;李新然和陈蓉,2015;马祖军等,2016)研究了政府回收处理基金对逆向物流的影响,但考虑回收商再售问题的研究却十分有限,尽管学者刘慧慧等(2013)、Liu等(2016)以及刘慧慧和刘涛(2017)研究了竞争环境下回收商的回收再售问题,但并未深入研究回收商再售策略对制造商生产决策的影响,也未曾考虑在线回收所具有的回收成本优势。基于此,本研究将重点分析回收处理基金对在线回收商回收再售策略的影响,以及考察回收处理基金和再售策略对制造商决策的改变。此外,一些学者也对政府回收或再制造补贴(Mitra and Webster,2008;Wang et al., 2014;赵敬华和林杰,2017)以及以旧换新补贴(马卫民和赵璋,2012;夏志强,2016;Ma et al., 2017)政策进行了研究,但这些补贴政策更多的是从逆向物流角度出发,研究政策对回收效率的影响,而本研究所关注的政府家电补贴则是从正向物流角度考察政府刺激新产品市场时对O2O模式下在线回收商再售渠道选择的影响。

第3章

回收商回收再售策略研究：在线回收VS传统回收

本章将研究 O2O 模式下在线回收商是否有动力对回收品进行再售以及采取何种再售策略的问题。以无再售的传统回收模型为基准，考虑制造商产量、回收商回收量以及再售量的约束关系，利用非线性规划理论求解最优解，进而根据最优解比较分析不同再售策略下在线回收相较于传统回收的变化。

3.1 引言

随着科技的进步以及居民消费能力的不断提升，电器电子产品的更新换代速度也在不断加快，由此造成废旧电器电子产品与日俱增。根据联合国发布的数据，2018 年全球电子垃圾共计 4850 万吨，相当于人类迄今为止制造的全部商用飞机的重量总和。而中国作为消费大国，电子垃圾问题尤为严重，据工业和信息化部统计数据，中国人每年淘汰超过 1 亿台电脑、4000 万台电视、2000 万台空调以及 1000 万台冰箱。2017 年，我国产生的电子垃圾总量高达 720 万吨①。与此同时，每年还有约 500 万吨的报废汽车和2600 万吨旧衣物。数量如此庞大的废旧产品，如果不能得到妥善处理势必会造成环境的污染和资源的浪费，而回收再制造一直被认为是应对废旧产品问题的有效方式（Savaskan et al.，2004；Huang et al.，2013；Xiong

① http：//bbs. tianya. cn/post-develop-2388110-1. shtml.

et al.，2013；唐飞和许茂增，2019）。一方面，有效的回收可以给企业带来可观的经济效益。据手机回收平台（www.recyclemycell.com）报道，每回收处理 100 万部手机可获得 75 磅的黄金、772 磅的银以及 35274 磅的铜等贵重金属。另一方面，回收可以保护环境。据艾伦·麦克阿瑟基金会数据，每回收再利用 1 千克衣物就能减少排放 3.6 千克二氧化碳，节省 6000 升水、0.3 千克化肥和 0.2 千克杀虫剂。此外，对于制造商而言，可以通过回收品进行再制造从而有效降低其生产成本。例如报废汽车中就含有大量可再生资源，如 72%的钢铁（69%钢铁+3%铸铁）、11%的塑料，超过 90%的零部件可以回收利用，能够为汽车制造企业节约成本 25%以上，节能 60%以上，节材 70%以上。虽然废旧产品回收产业蕴藏巨大商机，但由于回收渠道混乱、回收成本高以及消费者参与回收意愿低等因素，导致我国废旧产品回收率远低于欧美等发达国家（Song et al.，2016；Feng et al.，2017；Wang et al.，2019）。

互联网的发展为废旧产品回收产业走出困境迎来了新的契机。将废旧产品回收业务与互联网相结合的 O2O 模式应运而生，众多企业涉足该领域，比如回收哥、爱回收、欧燕以及易机网等（Wang et al.，2018；赵毅，2017）。相较于传统回收商，此类回收商有众多优点，例如：①整合渠道资源使回收过程更加方便快捷（Feng et al.，2017；赵毅，2017；胡穗斌等，2016）；②减少回收网点投入从而降低回收成本（许开华等，2015；Wang et al.，2018；Li et al.，2019；郭燕，2019）；③为消费者提供相对透明的回收价格以及隐私保护，增强消费者参与回收的意愿（Wang et al.，2019）。此外，在线回收商不仅扮演回收者的角色，还将回收品以二手产品形式进行再售充当“零售商”。但在以往的研究中学者更多地关心制造商以及独立再制造商对回收品的再制造竞争问题（Agrawal et al.，2015；Zou et al.，2016；孙浩等，2017；刘志等，2018），从而忽视了对回收品的再售问题。尽管部分学者（孙浩和达庆利，2010；许茂增和唐飞，2014；赵培等，2015）研究了制造商或零售商对二手产品的销售问题，但从回收商角度考察其回收再售策略的研究十分匮乏。

基于此，本研究将在 O2O 模式下结合在线回收低回收成本的特点讨论闭环供应链中在线回收商的再售策略选择问题，并考察其再售策略对制造商决策的影响，同时比较分析相对于传统回收再制造供应链在线回收所带来的变化。

3.2　问题描述

考虑由制造商和回收商构成的供应链系统。制造商通过购买原材料或回收品生产产品，而回收商负责从市场中回收废旧产品。在传统回收模式下（见图 3.1），回收商通过一定的转移价格将回收品出售给制造商进行再制造；而在在线回收模式下（见图 3.2），回收商不仅可以将回收品出售给制造商进行再制造，还可以将回收品以二手产品形式再售给消费者，此时在线回收商拥有三种再售策略选择：①全部再售；②部分再售；③无再售。相较于传统回收模型，在线回收商是否有动力进行再售，其再售行为对制造商、回收率以及消费者剩余会产生何种影响？带着以上问题开始本章节的模型研究。

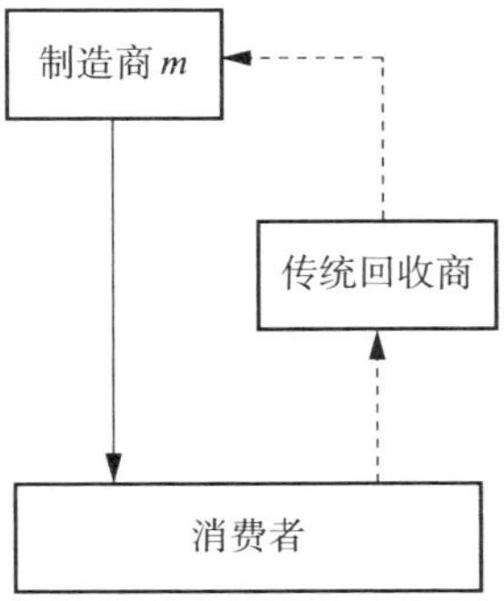

图 3.1　传统回收模型

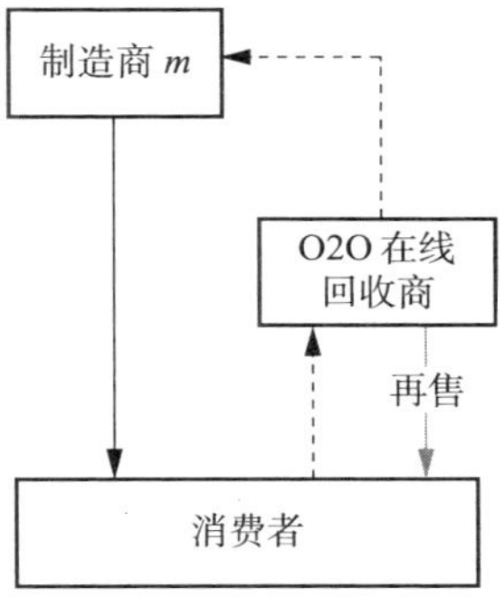

图 3.2　在线回收模型

3.2.1 符号与变量

v——消费者对新产品的估值，且在[0，1]区间内均匀分布。

c_m——制造商采用原材料进行生产时的单位生产成本。

c_r——制造商采用回收品进行再制造时的单位生产成本，且满足 $c_m > c_r$，令 $\Delta = c_m - c_r$ 为制造商使用回收品再制造时单位产品的生产成本节约量。

F——在线回收商开通再售业务时所投入的固定费用，包含人力、设备以及办公场所租金等。

$\theta \in (0, 1)$——二手产品相对于新产品的效用折扣。

b——制造商支付给回收商的单位转移价格，为外生变量，且 $b < \Delta$ 表明制造商再制造是有利可图的。

p_m——制造商对新产品制定的零售价格。

p_o——回收商对二手产品制定的零售价格。

q_m——制造商新产品的市场需求。

q_o——在线回收商二手产品的市场需求。

q_r——回收商的回收量。

CS——消费者剩余，指消费者消费一定数量的某种商品愿意支付的最高价格和实际市场价格之间的差额。

$\Pi_i(i=m, o)$——制造商或回收商的利润（m 代指制造商，o 代指回收商）。

3.2.2 模型假设

（1）假设制造商具有再制造能力，可以通过废旧产品进行再制造，且再制造产品与新产品无质量差异（Savaskan et al.，2004；舒秘和聂佳佳，2015）。此外，假设市场中消费者规模为 N，为了方便表述，令 $N=1$。

（2）假设制造商与在线回收商进行静态博弈，因为制造商生产制造活动与回收商的回收业务往往是同时进行的。制造商决策新产品产量，而在线回收商决策回收量和再售量。同时，假设博弈主体都为风险中性且为完全信息拥有者，以自身利润最大化为目标(Zou et al.，2016；Wu and Zhou，2017)。

(3)假设回收品同质，不考虑回收品的质量差异对研究结论的影响。虽然 Ray 等(2005)、Chuang 等(2014)以及 Giovanni 和 Zaccour(2014)等考虑了回收过程中回收品的不同生命周期问题，但为了降低研究的复杂性，本书参考 Savaskan 等(2004)、Zou 等(2016)以及 Wu 和 Zhou(2017)等的研究，不对回收品进行质量区分。

(4)假设新产品销售量大于回收商的回收量，即 $q_m>q_r$。因为在现实生活中受消费者参与回收意愿、回收成本等因素的限制，回收商很难实现全部回收，因此本研究仅考虑部分回收的情形，从而使研究更符合现实。

(5)假设回收商回收成本是其回收量的二次函数，即 $kq_r^2/2$，表示随着回收量的增加边际回收成本递增，其中 k 为回收成本系数，该回收成本形式在以往研究中已被广泛使用，如郑本荣等(2017)、路应金等(2018)以及聂佳佳和熊璐洁(2018)。

(6)假设在线回收相对传统回收具有回收成本优势，用 $\delta\in(0,\ 1)$表示在线回收商相对传统回收商的回收成本降低程度，其值越小表示在线回收越经济。若传统回收成本为 $kq_r^2/2$，则在线回收成本为 $\delta kq_r^2/2$。2016 年中国再生资源回收行业发展报告中指出以爱回收和回收哥为代表的在线回收商，促使再生资源交易市场由线下向线上线下结合转型升级，减少了回收环节，提升了回收效率，同时扩大了回收范围和规模，降低了回收成本。众多学者(陈治亚和陈维亚，2007；陈维亚等，2008；赵毅，2017；Wang et al.，2018；Li et al.，2019；Zuo et al.，2020)对该观点表示认同。同时，许开华等(2015)以回收哥为例通过数据分析证实“互联网+回收”模式能够降低回收成本，实现回收企业和资源循环利用的双赢。此外，Feng 等(2017)在对双回收渠道模型研究的假设中明确提出在线回收成本低于传统回收。

(7)假设在线回收商需对回收品投入一定的成本，使其达到再售标准。

因为现实生活中回收品未必能进行直接再售，往往需要修复翻新、重新包装才能流向消费者市场。该成本是由在线回收相对传统回收业务上的差异所导致的，根据 Feng 等(2017)的研究，假设在线回收商单位再售品的处理成本为 c 且 $c<\theta$，表明在线回收商愿意为再售品投入的处理成本受消费者对二手产品接受程度的限制，消费者接受程度越高则二手产品市场需求越旺盛，在线回收商愿意为再售品投入的成本上限也随之增大。该假设一方面使研究更符合现实情形，另一方面有助于在线回收商各再售策略的制定。

(8)假设回收商回收成本系数和制造商单位生产成本需满足 $\max\left\{0,\ \frac{\theta-2c}{\delta}\right\}<k$ 且 $\max\left\{0,\ \frac{2c-\theta}{\theta}\right\}<c_m<\min\left\{\frac{k\delta+2c-\theta}{k\delta+\theta},\ \frac{c(\theta+2)+\delta k-\theta^2+\theta}{\delta k+3\theta}\right\}$。主要出于以下几点考虑：当 $0<c\leqslant\theta/2$ 时，在线回收再售所投入的翻新成本较低，若此时回收成本系数较低且制造商单位生产成本较高，则对于在线回收商而言一定会选择再售，因为二手产品具有较强的市场竞争力，为了保证在线回收模型中在线回收商依然存在无再售策略，需要回收成本系数存在下限且制造商单位生产成本存在上限。当 $\theta/2<c<\theta$ 时，在线回收再售所投入的翻新成本较高，此时在线回收商回收成本系数无须约束，但为了保证再售量的非负性以及假设(4)约束的成立性，需要制造商生产成本在一定约束区间内。

(9)为了方便表述，将以上标 $j=\{T,\ O\}$ 分别表示传统回收模型和在线回收模型，以下标 $\{m,\ o\}$ 分别代指制造商和回收商。此外，用上标 $K=\{p,\ n\}\times\{a,\ p,\ n\}$ 表示回收商的回收再售策略组合，例如 pa 表示回收商部分回收全部再售；pp 表示部分回收部分再售；pn 表示部分回收无再售。

3.3 传统回收模型

在传统回收模型中不考虑回收商的再售行为。消费者购买制造商 m 产品所获得的净效用为：$U_m=v-p_m$。由 $U_m=0$ 可得消费者是否购买制造商产品的临界估值：$v_1=p_m$。此时，制造商市场需求为：$q_m=\int_{p_m}^{1}1\mathrm{d}v=1-p_m$，逆需求函数可表示为：$p_m=1-q_m$。传统回收模型中制造商和回收商的优化问题表示如下

$$\begin{cases}\max\limits_{q_m}\Pi_m^T=(p_m-c_m)q_m+(\Delta-b)q_r\\ \max\limits_{q_r}\Pi_o^T=bq_r-kq_r^2/2\\ s.t.\ q_m>q_r\geqslant 0\end{cases}\tag{3.1}$$

通过静态博弈方法对式(3.1)的优化问题进行求解。由式(3.1)中制造商和回收商利润函数可得其广义拉格朗日函数为

$$\begin{cases}L_m^T(q_m,\ \lambda_m,\ u_m)=(p_m-c_m)q_m+(\Delta-b)q_r+\lambda_m(q_m-q_r)+u_mq_m\\ L_o^T(q_r,\ \lambda,\ u)=bq_r-kq_r^2/2+\lambda(q_m-q_r)+uq_r\end{cases}\tag{3.2}$$

其中，$\lambda_m\geqslant0$，$u_m\geqslant0$，$\lambda\geqslant0$，$u\geqslant0$ 为拉格朗日乘子，根据式(3.2)可得

$$\begin{cases}\mathrm{d}L_m^T/\mathrm{d}q_m=1-c_m-2q_m+\lambda_m+u_m\\ \mathrm{d}L_o^T/\mathrm{d}q_r=b-kq_r-\lambda+u\end{cases}\tag{3.3}$$

因为 $\mathrm{d}^2\Pi_m^T/\mathrm{d}q_m^2=-2(\mathrm{d}^2\Pi_o^T/\mathrm{d}q_r^2=-k)$，故制造商(回收商)利润是关于 $q_m(q_r)$ 的凹函数，其存在最优解的充分必要条件为 $\mathrm{d}L_m^T/\mathrm{d}q_m=0$，$\mathrm{d}L_o^T/\mathrm{d}q_r=0$ 且满足 $\lambda_m(q_m-q_r)=0$，$u_mq_m=0$，$\lambda(q_m-q_r)=0$，$uq_r=0$，$\lambda_m\geqslant0$，$u_m\geqslant0$，$\lambda\geqslant0$，$u\geqslant0$。

3.3.1　无回收

若 $q_m>q_r=0$，则 $\lambda_m=0$，$u_m=0$，$q_r=0$，$\lambda=0$，将其代入式(3.3)求解可得

$$q_m^{Tnn*}=\frac{1-c_m}{2};\ u=-b\tag{3.4}$$

无法满足约束条件 $u \geqslant 0$，故该情形不成立。若 $q_m = q_r = 0$，则制造商不生产、回收商不回收，此时制造商与回收商优化问题无解。

3.3.2 部分回收

若 $q_m > q_r > 0$，则 $\lambda_m = 0$，$u_m = 0$，$\lambda = 0$，$u = 0$，将其代入式(3.3)求解可得

$$q_m^{Tpn*} = \frac{1-c_m}{2}; \quad q_r^{Tpn*} = \frac{b}{k} \tag{3.5}$$

若要满足约束条件 $q_m > q_r > 0$，则 $0 < b < \frac{k(1-c_m)}{2}$。此时，制造商和回收商最优利润为

$$\Pi_m^{Tpn*} = \frac{k(1-c_m)^2 + 4b(\Delta - b)}{4k}; \quad \Pi_o^{Tpn*} = \frac{b^2}{2k} \tag{3.6}$$

推论 3.1：制造商和回收商利润敏感性分析：

(1)制造商：当 $b < \Delta < k(1-c_m)$ 时，制造商利润随 b 的增大先增大后减小。当 $k(1-c_m) \leqslant \Delta$ 时，制造商利润随 b 的增大而增大。

(2)回收商：回收商利润随 b 的增大而增大。

推论 3.1 证明：根据传统回收模型中回收商部分回收时制造商利润可得

$$\frac{d\Pi_m^{Tpn*}}{db} = \frac{\Delta - 2b}{k} \tag{3.7}$$

若 $b < \Delta < k(1-c_m)$，则在 $b \in \left(0, \frac{\Delta}{2}\right)$ 区间内 $\frac{d\Pi_m^{Tpn*}}{db} > 0$；在 $b \in \left[\frac{\Delta}{2}, \frac{k(1-c_m)}{2}\right]$ 区间内 $\frac{d\Pi_m^{Tpn*}}{db} \leqslant 0$。若 $k(1-c_m) \leqslant \Delta$，则在 $b \in \left(0, \frac{k(1-c_m)}{2}\right)$ 区间内 $\frac{d\Pi_m^{Tpn*}}{db} > 0$。对于回收商而言，$\frac{d\Pi_o^{Tpn*}}{db} = \frac{b}{k} > 0$，证毕。

从推论 3.1 中发现，若制造商再制造成本节约量较小，则制造商所能

承担的转移价格非常有限，随着转移价格的增长，制造商再制造边际收益降低，故利润呈现先增大后减小的趋势。若再制造成本节约量较大，制造商愿意支付较高的转移价格，增大再制造量，从而提升收益(见图 3.3)。对于回收商而言，转移价格的提升有助于增大回收量，同时增加了边际收益使其利润增大(见图 3.4)。

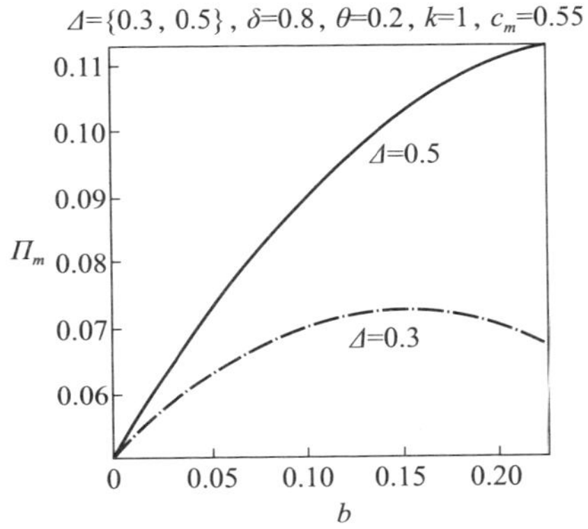

图 3.3　传统回收制造商利润示意图

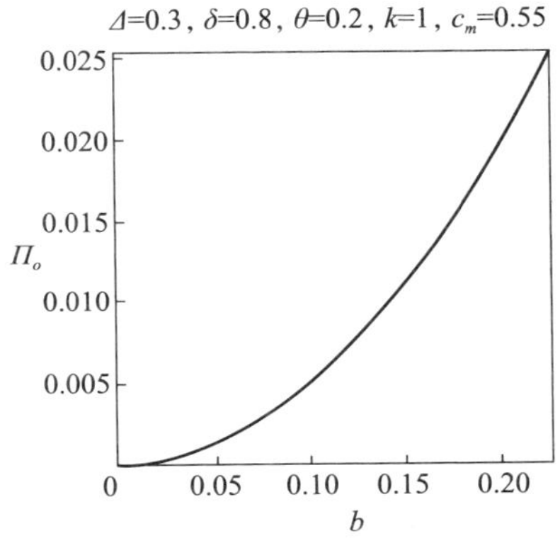

图 3.4　传统回收回收商利润示意图

综上所述，较高的转移价格对回收商总是有利的，但制造商的再制造水平限制了其所能支付的转移价格上限，转移价格对制造商利润影响带有不确定性。在以往研究中，虽然部分学者关注了第三方回收问题，但仅将其作为逆向物流可选择的一种回收模式，进行不同模式间的优劣特性比较(Savaskan et al., 2004；Huang et al., 2013；Shi et al., 2015；张志清等，2019)，并未对转移价格和再制造成本节约量进行深入分析。同时，现实生活中更多观点认为再制造能够为制造商节约成本、提升利润，例如从 2018 年开始，国家发展和改革委员会批准了 14 个再制造产品试点，认为与全新件相比，进行过专业修复的再制造零部件质量不比全新件差，并且可节约一半成本，还能节能、节省材料，在价格上也具有优势。惠普公司曾提出名为“地球伙伴计划”的全球环保硒鼓回收项目，将废旧硒鼓的 90%

重新利用；收回的硒鼓一部分被转换成原材料，另一部分无损的部件经过再制造再次进入装配生产线。虽然再制造能够为企业带来收益，但作为制造商也应根据其再制造水平为回收商制定合理的转移价格，避免陷入再制造“困境”，导致自身利润受损。总而言之，若制造商再制造水平较低，则最优转移价格为$\Delta/2$；若再制造水平较高，则为回收商提供所能制定的最高转移价格，即$k(1-c_m)/2$。因此，制造商应该提升再制造技术水平，最大限度地挖掘回收品再制造价值，一方面为自身创造收益，另一方面引导逆向物流健康发展。

3.4 在线回收模型

在线回收模式下，消费者购买制造商 m 产品所获得的净效用依然为：$U_m=v-p_m$；若在线回收商对回收品进行再售，则消费者购买在线回收商二手产品所获得的净效用为：$U_o=\theta v-p_o$，其中 $0<\theta<1$ 表明二手产品由于质量、售后和信息不透明等问题出现的估值折扣。由 $U_m=0$ 可得消费者是否购买新产品的临界估值：$v_1=p_m$；同理，由 $U_o=0$ 可得消费者是否购买二手产品的临界估值：$v_2=p_o/\theta$。令 $U_m-U_o=0$ 可得消费者购买新产品或二手产品的临界估值：$v_3=\dfrac{p_m-p_o}{1-\theta}$。根据个人理性和激励相容理论（Xiong et al.，2013；Wu et al.，2017；Guo et al.，2020）可得

$$
\begin{cases} v-p_m>0 \\ v-p_m>\theta v-p_o \end{cases} \Rightarrow \begin{cases} v_m^*>p_m \\ v_m^*>\dfrac{p_m-p_o}{1-\theta} \end{cases}
$$

$$
\begin{cases} \theta v-p_o>0 \\ \theta v-p_o>v-p_m \end{cases} \Rightarrow \begin{cases} v_o^*>\dfrac{p_o}{\theta} \\ v_o^*<\dfrac{p_m-p_o}{1-\theta} \end{cases} \tag{3.8}
$$

此时，制造商与在线回收商需求函数分别为

$$q_m=1-\frac{p_m-p_o}{1-\theta};\ q_o=\frac{p_m-p_o}{1-\theta}-\frac{p_o}{\theta} \tag{3.9}$$

由式(3.9)推导逆需求函数为：$p_m=1-q_m-\theta q_o$；$p_o=\theta(1-q_m-q_o)$。

在线回收模式下，制造商和在线回收商优化问题可表示为

$$\begin{cases}\max\limits_{q_m}\Pi_m^O=(p_m-c_m)q_m+(\Delta-b)(q_r-q_o)\\ \max\limits_{q_o,q_r}\Pi_o^O=p_oq_o+b(q_r-q_o)-\dfrac{k\delta(q_r)^2}{2}-cq_o-F\\ \text{s. t. } q_m>q_r\geqslant q_o\geqslant 0\end{cases} \tag{3.10}$$

通过静态博弈方法对式(3.10)的优化问题进行求解。由制造商和在线回收商利润函数可得其广义拉格朗日函数为

$$\begin{cases}L_m^O(q_m,\ \lambda_m,\ u_m)=(p_m-c_m)q_m+(\Delta-b)(q_r-q_o)+\lambda_m(q_m-q_r)+u_mq_m\\ L_o^O(q_o,\ q_r,\ \lambda_1,\ \lambda_2,\ u)=p_oq_o+b(q_r-q_o)-\dfrac{k\delta q_r^2}{2}-cq_o-F+\lambda_1(q_m-q_r)+\lambda_2(q_r-q_o)+uq_o\end{cases} \tag{3.11}$$

其中，$\lambda_m\geqslant 0$，$u_m\geqslant 0$，$\lambda_1\geqslant 0$，$\lambda_2\geqslant 0$，$u\geqslant 0$ 为拉格朗日乘子，根据式(3.11)可得

$$\begin{cases}\mathrm{d}L_m^O/\mathrm{d}q_m=1-\theta q_o-c_m-2q_m+\lambda_m+u_m\\ \mathrm{d}L_o^O/\mathrm{d}q_o=\theta(1-q_m-q_o)-\theta q_o-b-c-\lambda_2+u\\ \mathrm{d}L_o^O/\mathrm{d}q_r=b-\delta kq_r-\lambda_1+\lambda_2\end{cases} \tag{3.12}$$

因为$\partial^2\Pi_m^O/\partial q_m^2=-2$，故制造商利润是关于 q_m 的凹函数，在线回收商利润函数的 Hessian 矩阵$\begin{pmatrix}-2\theta & 0\\ 0 & -\delta k\end{pmatrix}$负定，所以在线回收商利润是关于 q_o、q_r 的凹函数。因此，优化问题式(3.10)存在最优解的充分必要条件为 $\mathrm{d}L_m^O/\mathrm{d}q_m=0$；$\mathrm{d}L_o^O/\mathrm{d}q_o=0$；$\mathrm{d}L_o^O/\mathrm{d}q_r=0$，且同时满足 $\lambda_m(q_m-q_r)=0$，$u_mq_m=0$，

$\lambda_1(q_m-q_r)=0$，$\lambda_2(q_r-q_o)=0$，$uq_o=0$，$\lambda_m\geqslant0$，$u_m\geqslant0$，$\lambda_1\geqslant0$，$\lambda_2\geqslant0$，$u\geqslant0$。

3.4.1 全部再售

若 $q_m>q_r=q_o>0$，则 $\lambda_m=0$，$u_m=0$，$\lambda_1=0$，$q_o=q_r$，$u=0$，将其代入式(3.12)求解可得

$$\begin{cases} q_m^{Opa*}=\dfrac{(1-c_m)(k\delta+2\theta)+\theta(c-\theta)}{4\theta+2k\delta-\theta^2} \\ q_r^{Opa*}=\dfrac{\theta(1+c_m)-2c}{4\theta+2k\delta-\theta^2};\ \lambda_2=\dfrac{k\delta[\theta(c_m+1)-2c]}{4\theta+2k\delta-\theta^2}-b \end{cases} \tag{3.13}$$

若要满足约束条件 $q_m>q_r>0$，$\lambda_2\geqslant0$，则需满足 $0<c_m<\dfrac{\delta k+\theta-\theta^2+c(2+\theta)}{\delta k+3\theta}$ 且 $0<b\leqslant\dfrac{\delta k[\theta(1+c_m)-2c]}{2\delta k+4\theta-\theta^2}$。根据假设(8)中的约束，该情形成立的约束条件为 $0<b\leqslant\dfrac{\delta k[\theta(1+c_m)-2c]}{2\delta k+4\theta-\theta^2}$。此时，制造商和在线回收商最优利润为

$$\begin{cases} \Pi_m^{Opa*}=\dfrac{[(1-c_m)(k\delta+2\theta)+\theta(c-\theta)]^2}{(4\theta+2k\delta-\theta^2)^2} \\ \Pi_o^{Opa*}=\dfrac{[\theta(c_m+1)-2c]^2(k\delta+2\theta)}{2(4\theta+2k\delta-\theta^2)^2}-F \end{cases} \tag{3.14}$$

当在线回收商将回收品全部再售时，无回收品流向制造商进行再制造，此时制造商的转移价格“不参与”制造商和在线回收商决策，故制造商和在线回收商利润与转移价格无关。

3.4.2 部分再售

若 $q_m>q_r>q_o>0$，则 $\lambda_m=0$，$u_m=0$，$\lambda_1=0$，$\lambda_2=0$，$u=0$，将其代入式(3.12)求解可得

$$q_m^{Opp*}=\frac{b+c+2-\theta-2c_m}{4-\theta};\quad q_o^{Opp*}=\frac{\theta(1+c_m)-2(b+c)}{\theta(4-\theta)};\quad q_r^{Opp*}=\frac{b}{\delta k}\tag{3.15}$$

若要满足约束条件 $q_m>q_r>q_o>0$，则当 $0<k<(4-\theta)/\delta$ 时，需要满足 $\frac{\delta k[\theta(1+c_m)-2c]}{2k\delta+4\theta-\theta^2}<b<\min\left\{\frac{\delta k(\theta+2c_m-2-c)}{\delta k+\theta-4},\ \frac{\theta(1+c_m)}{2}-c\right\}$；当 $(4-\theta)/\delta\leqslant k$ 时，需要满足约束条件 $\max\left\{\frac{\delta k[\theta(1+c_m)-2c]}{2k\delta+4\theta-\theta^2},\ \frac{\delta k(\theta+2c_m-2-c)}{\delta k+\theta-4}\right\}<b<\frac{\theta(1+c_m)}{2}-c$。根据假设（8）中的约束，该情形成立的约束条件为 $\frac{\delta k[\theta(1+c_m)-2c]}{2k\delta+4\theta-\theta^2}<b<\frac{\theta(1+c_m)}{2}-c$。此时，制造商和在线回收商最优利润为

$$\begin{cases}\Pi_m^{Opp*}=\dfrac{[2(1-c_m)+b+c-\theta]^2}{(4-\theta)^2}+(\Delta-b)\left[\dfrac{b}{\delta k}-\dfrac{\theta(1+c_m)-2(b+c)}{\theta(4-\theta)}\right]\\ \Pi_o^{Opp*}=\dfrac{[\theta(c_m+1)-2(b+c)]^2}{\theta(4-\theta)^2}+\dfrac{b^2}{2k\delta}-F\end{cases}\tag{3.16}$$

推论 3.2：在线回收商部分再售时利润敏感性分析：

（1）制造商：当 $b<\Delta<\Delta_1$ 时，制造商利润随 b 的增大先增大后减小。当 $\Delta_1\leqslant\Delta$ 时，制造商利润随 b 的增大而增大。其中 $\Delta_1=\frac{\theta[\theta(4-\theta)(c_m+1)+2k\delta c_m]-c(2\delta k+8\theta-2\theta^2)}{2k\delta+4\theta-\theta^2}$。

（2）回收商：在线回收商利润随 b 的增大先减小后增大。

推论 3.2 证明：根据部分再售时制造商利润可得

$$\frac{d\Pi_m^{Opp*}}{db}=\frac{2(3\delta k\theta-\xi_{31})b-(2\delta k\theta-\xi_{31})\Delta+\delta k[8\theta-\theta^2(3+c_m)+4c(\theta-2)]}{\delta k\theta(4-\theta)^2}\tag{3.17}$$

其中，$\xi_{31}=8k\delta+\theta(4-\theta)^2$。当 $b<\Delta<\Delta_1$ 时，若 $\frac{\delta k[\theta(1+c_m)-2c]}{2k\delta+4\theta-\theta^2}<b<b_{31}$，

则$\frac{d\Pi_m^{Opp*}}{db}>0$；若 $b_{31}\leqslant b<\frac{\theta(1+c_m)}{2}-c$，则$\frac{d\Pi_m^{Opp*}}{db}\leqslant 0$。当 $\Delta_1\leqslant\Delta$ 时，在区间$\frac{\delta k[\theta(1+c_m)-2c]}{2k\delta+4\theta-\theta^2}<b<\frac{\theta(1+c_m)}{2}-c$ 内，$\frac{d\Pi_m^{Opp*}}{db}>0$。其中 b_{31} 为式$\frac{d\Pi_m^{Opp*}}{db}=0$ 的解，即 $b_{31}=\frac{(2\delta k\theta-\xi_{31})\Delta-\delta k[8\theta-\theta^2(3+c_m)+4c(\theta-2)]}{2(3\delta k\theta-\xi_{31})}$。

由在线回收商利润可得

$$\frac{d\Pi_o^{Opp*}}{db}=\frac{b[8k\delta+\theta(4-\theta)^2]-4k\delta[\theta(c_m+1)-2c]}{\theta\delta k(4-\theta)^2} \tag{3.18}$$

若 $\frac{\delta k[\theta(1+c_m)-2c]}{2k\delta+4\theta-\theta^2}<b<\frac{4\delta k[\theta(1+c_m)-2c]}{8\delta k+\theta(4-\theta)^2}$，则 $\frac{d\Pi_o^{Opp*}}{db}<0$；若$\frac{4k\delta[\theta(1+c_m)-2c]}{8\delta k+\theta(4-\theta)^2}\leqslant b<\frac{\theta(1+c_m)}{2}-c$，则$\frac{d\Pi_o^{Opp*}}{db}\geqslant 0$，证毕。

当在线回收商部分再售时，虽然制造商再制造量随着转移价格增长而增大，但受再制造边际收益降低的影响，制造商利润与转移价格的相关性呈现多样性。当再制造成本节约量较低时，随着转移价格的增长由再制造量占主导地位转变为再制造边际收益占主导地位，故制造商利润先增后减。当再制造成本节约量较高时，受再制造量增大的影响，制造商利润递增。制造商利润随着转移价格的变化情况与传统回收模型具有相似性，对于制造商而言应该根据自身再制造水平制定合理的转移价格以保证自身利润。对于在线回收商而言，当转移价格较低时，虽然再售价格高于转移价格，但再售量的下降导致利润降低。随着转移价格的进一步增长，在线回收商将回收品出售给制造商更有利可图，故回收商利润提升。由于在线回收商再售策略的存在，回收商利润随转移价格的变化情况有别于传统回收模型，因为在线回收商需要权衡再售收益与转移收益之间的差距，从而选择更有利可图的方式处理回收品。

综上所述，对于制造商而言，一方面要提升自身再制造水平降低成本，另一方面要通过转移价格限制在线回收商的再售行为以避免市场侵蚀。对于在线回收商而言，一方面要通过谈判避免制造商制定使其收益陷入谷底的转移价格，另一方面要挖掘二手产品市场摆脱制造商的转移价格限制。

3.4.3 无再售

若 $q_m>q_r>q_o=0$，则 $\lambda_m=0$，$u_m=0$，$\lambda_1=0$，$\lambda_2=0$，$q_o=0$，将其代入式(3.12)求解可得

$$q_m^{Opn*}=\frac{1-c_m}{2};\ q_r^{Opn*}=\frac{b}{k\delta};\ u=b+c-\frac{\theta(c_m+1)}{2} \tag{3.19}$$

若要满足约束条件 $q_m>q_r>q_o=0$，$u\geqslant 0$，则需满足$\frac{\theta(1+c_m)}{2}-c\leqslant b<\frac{\delta k(1-c_m)}{2}$。此时，制造商和在线回收商最优利润为

$$\Pi_m^{Opn*}=\frac{k\delta(1-c_m)^2+4b(\Delta-b)}{4k\delta};\ \Pi_o^{Opn*}=\frac{b^2}{2k\delta}-F \tag{3.20}$$

此外，若 $q_m>q_r=q_o=0$，则 $\lambda_m=0$，$u_m=0$，$\lambda_1=0$，$\lambda_2\geqslant 0$，$u\geqslant 0$。将其代入式(3.12)求解可得

$$q_m^{Onn*}=\frac{1-c_m}{2};\ \lambda_2=-b;\ u=c-\frac{\theta(1+c_m)}{2} \tag{3.21}$$

无法满足约束条件 $\lambda_2\geqslant 0$，$u\geqslant 0$，故该情形不成立。

推论3.3：在线回收商无再售时利润敏感性分析：

(1)制造商：若 $b<\Delta<\theta(1+c_m)-2c$，制造商利润随 b 的增大而减小，若 $\theta(1+c_m)-2c\leqslant\Delta<\delta k(1-c_m)$，制造商利润随 b 的增大先增大后减小，若 $\Delta>k\delta(1-c_m)$，制造商利润随 b 的增大而增大。

(2)回收商：在线回收商利润随 b 的增大而增大。

推论3.3证明：根据无再售时制造商利润可得

$$\frac{\mathrm{d}\Pi_m^{Opn*}}{\mathrm{d}b}=\frac{\Delta-2b}{\delta k} \tag{3.22}$$

当 $b<\Delta<\theta(1+c_m)-2c$ 时，在区间 $\frac{\theta(1+c_m)}{2}-c\leqslant b<\frac{\delta k(1-c_m)}{2}$ 内，$\frac{\mathrm{d}\Pi_m^{Opn*}}{\mathrm{d}b}<0$。当 $\theta(1+c_m)-2c\leqslant\Delta<\delta k(1-c_m)$ 时，若 $\frac{\theta(1+c_m)}{2}-c\leqslant b<\frac{\Delta}{2}$，则 $\frac{\mathrm{d}\Pi_m^{Opn*}}{\mathrm{d}b}>0$；若 $\frac{\Delta}{2}\leqslant b<\frac{\delta k(1-c_m)}{2}$，则 $\frac{\mathrm{d}\Pi_m^{Opn*}}{\mathrm{d}b}\leqslant0$。当 $\Delta>\delta k(1-c_m)$ 时，在区间 $\frac{\theta(1+c_m)}{2}-c\leqslant b<\frac{\delta k(1-c_m)}{2}$ 内，$\frac{\mathrm{d}\Pi_m^{Opn*}}{\mathrm{d}b}>0$。

由在线回收商利润可得

$$\frac{\mathrm{d}\Pi_o^{Opn*}}{\mathrm{d}b}=\frac{b}{\delta k}>0 \tag{3.23}$$

证毕。

当在线回收商无再售时，在线回收模型与传统回收模型类似，但在线回收的回收成本优势使回收量优于传统回收模型。对比推论 3.3 与推论 3.1 发现，当制造商再制造节约成本非常低时，受再制造边际收益降低以及再售品市场侵蚀的影响，制造商利润与转移价格负相关。该结论间接表明若制造商不能够较好地利用回收品进行再制造，则相对传统回收而言，在线回收商的再售策略将进一步损害制造商利润。只有制造商不断提升自身再制造能力，才有助于逆向物流中制造商和回收商达到共赢。

根据 3.4.1～3.4.3 部分的计算分析，在线回收商再售策略如命题 3.1 所示。

命题 3.1：当 $0<b\leqslant\frac{\delta k[\theta(1+c_m)-2c]}{2k\delta+4\theta-\theta^2}$ 时，在线回收商全部再售；当

$\frac{\delta k[\theta(1+c_m)-2c]}{2k\delta+4\theta-\theta^2}<b<\frac{\theta(1+c_m)}{2}-c$ 时，在线回收商部分再售；当 $\frac{\theta(1+c_m)}{2}-c\leqslant b<\min\left\{\Delta,\ \frac{\delta k(1-c_m)}{2}\right\}$ 时，在线回收商无再售。

从命题 3.1 中可以看出随着转移价格的增长，在线回收商再售意愿减弱，更多产品流向制造商进行再制造。对于回收商而言，转移价格与再售价格是影响其再售决策的重要因素，当转移价格较高时，将回收品出售给制造商更有利可图，因此在线回收商再售意愿减弱。通过对在线回收商再售策略的临界值分析发现，随着制造商单位产品生产成本的增加，在线回收商全部再售以及部分再售的策略空间增大。这是因为制造商生产成本增加，削弱了新产品市场竞争力，二手产品市场需求增大，故在线回收商再售意愿增强。此外，随着在线回收商回收成本降低程度的增大，在线回收商的回收量增大，并通过制定较低的再售价格获得市场竞争力，因此在线回收商再售意愿增强。

3.5　对比分析

相对无再售行为的传统回收模型，O2O 模式下回收商是否有动力进行再售，回收商的再售行为对回收率和消费者剩余造成何种影响，将成为该部分研究的重点。为了保证传统回收模型与在线回收模型的可比性，对于转移价格上限取值进行限定，即 $b<\min\left\{\Delta,\ \frac{\delta k(1-c_m)}{2}\right\}$。

命题 3.2：若在线回收商开通再售业务所投入的固定成本 $F<\varphi$，则在线回收模型中回收商利润较优；若在线回收商开通再售业务所投入的固定成本 $F\geqslant\varphi$，则传统回收模型中回收商利润较优。其中：

$$\varphi=\begin{cases}\dfrac{[\theta(1+c_m)-2c]^2(\delta k+2\theta)}{2(2\delta k+4\theta-\theta^2)^2}-\dfrac{b^2}{2k}, & 0<b\leqslant\dfrac{\delta k[\theta(1+c_m)-2c]}{2k\delta-\theta^2+4\theta}\\ \dfrac{[\theta(1+c_m)-2(b+c)]^2}{\theta(4-\theta)^2}+\dfrac{b^2(1-\delta)}{2\delta k}, & \dfrac{k\delta[\theta(1+c_m)-2c]}{2k\delta-\theta^2+4\theta}<b<\dfrac{\theta(c_m+1)}{2}-c\\ \dfrac{b^2(1-\delta)}{2k\delta}, & \dfrac{\theta(c_m+1)}{2}-c\leqslant b<\min\left\{\Delta,\ \dfrac{\delta k(1-c_m)}{2}\right\}\end{cases}$$

命题 3.2 证明：根据 3.3 部分计算结果与 3.4 部分计算结果，比较分析两种回收模型下回收商利润。

若 $0<b\leqslant\dfrac{\delta k[\theta(1+c_m)-2c]}{2k\delta-\theta^2+4\theta}$，则在线回收商部分回收全部再售，而传统回收模式下回收商部分回收无再售：

$$\Pi_o^{Opa*}-\Pi_o^{Tpn*}=\frac{[\theta(1+c_m)-2c]^2(\delta k+2\theta)}{2(2\delta k+4\theta-\theta^2)^2}-\frac{b^2}{2k}-F \tag{3.24}$$

令 $\varphi_1=\dfrac{[\theta(1+c_m)-2c]^2(\delta k+2\theta)}{2(2\delta k+4\theta-\theta^2)^2}-\dfrac{b^2}{2k}$，在 $0<b<\dfrac{\delta k[\theta(1+c_m)-2c]}{2k\delta-\theta^2+4\theta}$ 的约束条件下，$\varphi_1>0$。若 $F<\varphi_1$，则 $\Pi_o^{Opa*}-\Pi_o^{Tpn*}>0$；若 $F\geqslant\varphi_1$，则 $\Pi_o^{Opa*}-\Pi_o^{Tpn*}\leqslant 0$。

若 $\dfrac{k\delta[\theta(1+c_m)-2c]}{2k\delta-\theta^2+4\theta}<b<\dfrac{\theta(c_m+1)}{2}-c$，则在线回收商部分回收部分再售，而传统回收模式下回收商部分回收无再售：

$$\Pi_o^{Opp*}-\Pi_o^{Tpn*}=\frac{[\theta(1+c_m)-2(b+c)]^2}{\theta(4-\theta)^2}+\frac{b^2(1-\delta)}{2\delta k}-F \tag{3.25}$$

令 $\varphi_2=\dfrac{[\theta(1+c_m)-2(b+c)]^2}{\theta(4-\theta)^2}+\dfrac{b^2(1-\delta)}{2\delta k}>0$，若 $F<\varphi_2$，则 $\Pi_o^{Opp*}-\Pi_o^{Tpn*}>0$；若 $F\geqslant\varphi_2$，则 $\Pi_o^{Opp*}-\Pi_o^{Tpn*}\leqslant 0$。

若 $\dfrac{\theta(c_m+1)}{2}-c\leqslant b<\min\left\{\Delta,\ \dfrac{\delta k(1-c_m)}{2}\right\}$，则在线回收商部分回收无再

售，而传统回收模式下回收商部分回收无再售，$\Pi_o^{Opn*}-\Pi_o^{Tpn*}=\dfrac{b^2(1-\delta)}{2k\delta}-F$。令 $\varphi_3=\dfrac{b^2(1-\delta)}{2k\delta}>0$，若 $F<\varphi_3$，则 $\Pi_o^{Opn*}-\Pi_o^{Tpn*}>0$；若 $F\geqslant\varphi_3$，则 $\Pi_o^{Opn*}-\Pi_o^{Tpn*}\leqslant0$。

命题 3.2 给出了传统回收模型与在线回收模型中回收商的利润变化情况，发现当开通再售业务所投入的固定成本较低时，在线回收模式下回收商利润优于传统回收模式(见图 3.5)，表明回收商有动力进行再售。这是因为再售为回收商开辟了新的收益渠道，并且该渠道定价由自己掌控，回收商自主性增强，可以更好地维护自身利润。

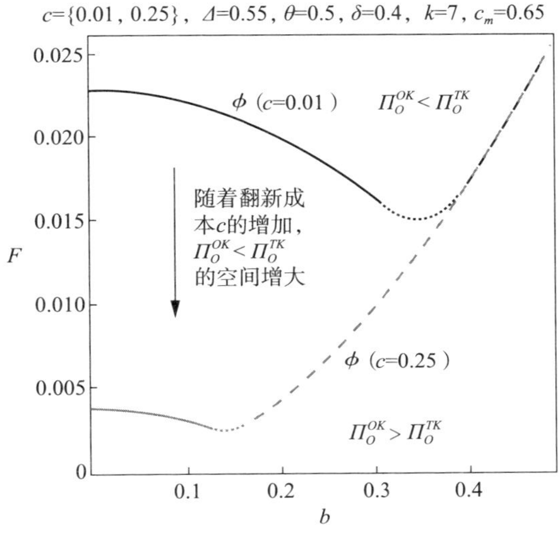

图 3.5　回收商利润比较分析示意图

虽然在线回收商可以通过控制其再售业务固定成本投入量使得在线回收模式下利润较优，但现实生活中在线回收产业发展依然缓慢。总结原因主要有两点：①虽然近些年回收量稳步提升，但还远低于预期水平，无法达成规模效应。线下个体回收形成的灰色产业链导致正规回收渠道“填不饱肚子”，废旧产品粗放式处理问题依然严重。②二手产品销售市场疲软，根据手机中国联合转转发布的《二手手机交易现状调研报告》，我国二手手机交易仅占手机交易总量的 2%，目前二手手机仍不是市场主流，用户对于二手手机交易保持观望态度。

命题 3. 3：在线回收模型下消费者剩余和回收率优于传统回收模型，即 $CS^{OK*} \geqslant CS^{TK*}$；$\frac{q_r^{OK*}}{q_m^{OK*}} > \frac{q_r^{TK*}}{q_m^{TK*}}$，其中 $K=\{p, n\}\times\{a, p, n\}$。

命题 3. 3 证明：根据 3. 3 部分消费者购买制造商产品所获得净效用推导消费者剩余为

$$CS^{TK} = \int_{p_m}^{1} (v - p_m)\mathrm{d}v \tag{3.26}$$

由传统回收模型中部分回收无再售均衡解可得：$CS^{Tpn*} = \frac{(1-c_m)^2}{8}$。

根据 3. 4 部分消费者购买制造商产品和回收商再售产品所获得净效用推导消费者剩余为

$$CS^{OK} = \int_{\frac{p_o}{\theta}}^{\frac{p_m-p_o}{1-\theta}} (\theta v - p_o)\mathrm{d}v + \int_{\frac{p_m-p_o}{1-\theta}}^{1} (v - p_m)dv \tag{3.27}$$

当在线回收商部分回收全部再售时消费者剩余为

$$CS^{Opa*} = \frac{(4-3\theta)\theta c^2+[\delta k(c_m-1)+\theta(c_m\theta+2\theta-4)]2\theta c+\xi_{32}}{2(2k\delta+4\theta-\theta^2)^2} \tag{3.28}$$

其中，$\xi_{32}=[k^2\delta^2+2k\theta\delta(2-\theta)+\theta^2(4-3\theta)]c_m^2+2[k\delta\theta(\theta-4)-k^2\delta^2+(3\theta-\theta^2-4)\theta^2]c_m+k^2\delta^2+4\delta k\theta+\theta^2(4+\theta-\theta^2)$。

当在线回收商部分回收部分再售时消费者剩余为

$$CS^{Opp*} = \frac{(4-3\theta)b^2-2\theta(4-2\theta-\theta c_m)b-\xi_{33}}{2\theta(4-\theta)^2} \tag{3.29}$$

其中，$\xi_{33}=[(3\theta-4)c_m^2+2(\theta^2-3\theta+4)c_m+(\theta^2-\theta-4)]\theta+(3\theta-4)c^2+2\theta c$

$[4-\theta(c_m+2)]$。

当在线回收商部分回收无再售时消费者剩余为

$$CS^{Opn*}=\frac{(1-c_m)^2}{8} \tag{3.30}$$

若 $0<b<\frac{\delta k[\theta(1+c_m)-2c]}{2k\delta-\theta^2+4\theta}$，则在线回收商部分回收全部再售，而传统回收模式下回收商部分回收无再售：

$$CS^{Opa*}-CS^{Tpn*}=\frac{\theta[\theta(1+c_m)-2c][\xi_{34}-(\theta^2+4\theta+4k\delta)c_m]}{8(2\delta k+4\theta-\theta^2)^2} \tag{3.31}$$

其中，$\xi_{34}=6c\theta-8c+4\delta k-5\theta^2+12\theta$，在假设(8)的约束条件下，$CS^{Opa*}-CS^{Tpn*}>0$。

若 $\frac{k\delta[\theta(1+c_m)-2c]}{2k\delta-\theta^2+4\theta}<b<\frac{\theta(c_m+1)}{2}-c$，则在线回收商部分回收部分再售，而传统回收模式下回收商部分回收无再售：

$$CS^{Opp*}-CS^{Tpn*}=\frac{[\theta(1+c_m)-2(b+c)][(6\theta-8)(b+c)+\xi_{35}]}{8\theta(4-\theta)^2} \tag{3.32}$$

其中，$\xi_{35}=\theta(12-5\theta-\theta c_m-4c_m)$，在 $\frac{k\delta[\theta(1+c_m)-2c]}{2k\delta-\theta^2+4\theta}<b<\frac{\theta(c_m+1)}{2}-c$ 的约束条件下，$CS^{Opp*}-CS^{Tpn*}>0$。

若 $\frac{\theta(c_m+1)}{2}-c<b<\min\left\{\Delta,\ \frac{\delta k(1-c_m)}{2}\right\}$，则在线回收商部分回收无再售，而传统回收模式下回收商部分回收无再售，$CS^{Opn*}-CS^{Tpn*}=0$，证毕。

回收率由回收量与制造商销售量比值构成，可根据传统回收模式与在线回收模式下不同回收再售策略下所得最优回收量和制造商销售量求得，参考消费者剩余的比较证明过程进行求解，出于篇幅考虑不再给出。

由于在线回收商对回收品以二手产品形式进行再售，一方面造成与制造商新产品的市场竞争，从而迫使制造商制定较低的销售价格；另一方面增加了消费者的产品选择，故在线回收商再售策略下消费者剩余优于传统回收模型。此外，对消费者剩余进一步分析发现，随着转移价格的增长在线回收商再售意愿减弱引起消费者剩余减小，最后在无再售策略下两种回收模型中消费者剩余一致。

回收率是衡量闭环供应链回收效率的重要指标，较高的回收率有助于提升资源的利用率，从而减少污染保护环境。从命题 3.3 中发现在线回收模式下回收率优于传统回收模式。这是因为一方面在线回收商可以通过再售来处置回收品，从而增加了回收商对回收品处理的主动权，增强了回收商的回收意愿；另一方面，在线回收商的回收成本优势使回收量优于传统回收模式。从环境保护角度考虑，在线回收商应该开通再售业务，国家也应该扶持在线回收产业，使之不断发展壮大。

3.6 算例分析

由于制造商利润的复杂性，很难通过解析式求解两种回收模型下制造商利润的优劣，因此该部分通过算例形式进行分析。根据 3.3 部分和 3.4 部分所求解的制造商最优利润以及约束条件，假设参数为 $\delta=0.4$，$\theta=0.5$，$\Delta=0.55$，$c_m=0.65$，$k=7$，$c=\{0.01,\ 0.25\}$，绘制两种回收模型下制造商利润(见图 3.6)。

从图 3.6 中发现，随着转移价格的增长，制造商利润整体呈现先增大后减小的趋势。这是因为随着转移价格的增长回收商回收意愿增强，再售动力减弱，一方面增加了制造商的再制造量，另一方面缓解了市场竞争，

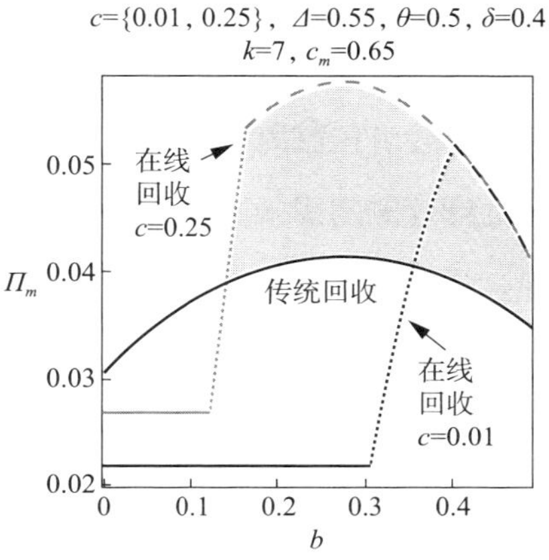

图 3.6　制造商利润对比分析

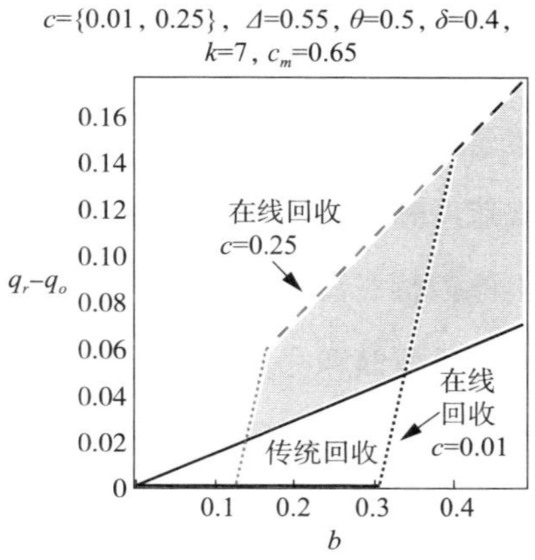

图 3.7　制造商再制造量比较分析

使制造商利润增大，但当转移价格进一步增长将引起再制造边际收益的下降，导致制造商利润降低。此外，发现当转移价格较高时，在线回收模型中制造商利润优于传统回收模型中制造商利润（图 3.6 中阴影区域），这是因为在线回收商的回收成本优势导致回收量增大，进而引起制造商再制造量增大，如图 3.7 所示。通过改变在线回收商单位再售品处理成本发现，随着单位再售品处理成本的增加，在线回收商再售意愿减弱，更多回收品流向制造商进行再制造，因此在线回收模型中制造商利润优于传统回收模型的区域增大。综上，在线回收模型中回收商与制造商进行市场竞争，破坏了制造商在消费者市场的垄断地位，看似损害了制造商收益，实则却因回收成本的降低在一定程度上增加了制造商再制造量，从而帮助其节约成本，形成“win-win”的情形。

综上所述，虽然在线回收有助于提升消费者剩余和回收率，并且可以使回收商和制造商在一定条件下达成共赢，具有光明的未来，但是，在废旧产品 O2O 回收的征途上仍需回收企业不断开拓创新，摆脱现阶段低回收量、低再售量的困境。例如回收宝（www.huishoubao.com）在意识到回收量不足问题后，提出 O2O 回收一定要更好融合线下与线上回收渠道，建立起完善的回收场景网络，提升回收用户体验。爱回收选择入驻社区、运营商运营厅、写字楼、便利店、地铁、商超等场所，打通线上线下渠道以实现双渠道互补。回收宝创始人何帆曾提出二手手机的消费多在线下产生，因此激活二手产品市场要从线下入手，在线回收商要与线下卖场深度融合。虽然现阶段线上二手产品市场有限，但爆发力极强，要在开发线下市场的同时布局线上二手产品销售渠道，同时培养消费者二手产品消费习惯。

3.7 本章小结

本章比较分析了在线回收与传统回收的差异。首先，建立传统闭环供应链回收模型，并通过非线性规划理论求模型最优解。研究发现，传统回收模型中回收商利润与转移价格正相关，而制造商利润与转移价格的相关性受制造商再制造成本节约量的影响。当再制造成本节约量较低时，制造商利润与转移价格相关性先正后负；当再制造成本节约量较高时，制造商利润与转移价格正相关。

其次，在传统回收模型的基础上考虑在线回收的回收成本优势以及对回收品的再售行为，构建在线回收决策模型。研究发现，随着转移价格的增长，在线回收商依次采取全部再售、部分再售和无再售策略。这表明较高的转移价格可以降低在线回收商的再售热情。在全部再售策略下，制造商和回收商利润与转移价格无关；在部分再售策略下，回收商利润随着转移价格的增长先减后增；在无再售策略下，若再制造成本节约量非常小，则制造商利润与转移价格负相关。其他情形下，制造商和回收商利润随转移价格的变化情况与传统回收模型类似。

最后，对比分析传统回收模型与在线回收模型决策结果。发现对于回收商而言，在线回收模型中利润优于传统回收模型，一方面较低的回收成本能够提升回收量，另一方面再售行为提升了在线回收商对回收处理的灵活性。对于制造商而言，虽然在线回收商的再售行为侵蚀了其市场，但在某种情形下在线回收商的回收成本优势间接使制造商的再制造量增大，从而提升了制造商利润。此外，在线回收模型中较高的回收量和较低的销售价格导致回收率以及消费者剩余优于传统回收模型。

综上所述，虽然在线回收有助于提升消费者剩余、回收率、回收商收益并在某些情形下增加制造商利润，但“互联网+废品回收”的发展还处于初始阶段，仍存在不少亟须解决的问题，会不会短命、能不能推广，考验政府及其相关部门的能力和智慧，考验互联网企业洞察市场的眼光和魄力，也考验广大群众接受新事物的胸襟和与时俱进的水平。

第4章

基于政府回收处理基金的O2O在线回收商再售策略研究

在第3章研究的基础上，本章将研究政府废旧电器电子产品回收处理基金影响下O2O在线回收商的回收再售策略选择问题，分别建立回收商获得拆解补贴或制造商获得拆解补贴的在线回收模型。考虑制造商产量、在线回收商回收量以及再售量的约束关系，利用非线性规划理论求最优解，进而根据最优解分析回收处理基金对在线回收闭环供应链的影响。

4.1 引言

为促进循环经济的发展，我国自2012年起颁布了《废弃电器电子产品处理基金征收管理规定》《废弃电器电子产品处理目录》以及《废弃家电回收标准》等多部法规，明确指出要建立废旧电器电子产品回收处理基金，并根据企业废旧电器电子产品拆解量进行补贴。虽然政府一直希望通过补贴政策引导回收产业健康发展，但依然存在处理基金收支不平衡、回收激励效果不明显等问题。此外，回收处理基金对闭环供应链影响具有两面性，一方面加重了正向物流的双重边际效应，另一方面刺激了逆向物流回收量（赵晓敏等，2018；李新然和陈蓉，2015）。因此，从理论角度研究政府处理基金对在线回收商回收再售策略的影响显得很有必要性。

随着国家《废弃电器电子产品回收处理管理条例》的实施，众多学者对政府基金政策和补贴问题进行了研究，李新然和陈蓉（2015）以及马祖军等

(2016)研究发现政府基金政策可有效促进废旧产品回收再制造。在回收渠道研究方面，余福茂等(2014)研究认为在基金和补贴政策下不存在绝对占优的回收模式，而公彦德等(2016)研究发现当制造商具有拆解资质时，零售商回收为占优模式。在制造商和独立再制造商竞争的环境下，补贴政策能够有效刺激再制造活动，一个合适的补贴水平才能保障双方都能受益(Mitra and Webster，2008；Wang et al.，2014)。夏西强等(2017)、赵晓敏等(2018)以及王玉燕和申亮(2018)进一步分析了政府补贴对制造商和再制造商竞争的作用机理。部分学者(刘慧慧等，2013；Liu et al.，2016；刘慧慧和刘涛，2017)从回收渠道竞争的角度研究了政府补贴对正规回收渠道与非正规回收渠道的调节引导作用，并指出合理的补贴水平能够有效抑制非正规回收渠道发展。此外，徐兵和杨金梅(2013)从供应链竞争的角度出发，研究发现政府回收再制造补贴能促使企业提高回收价格，提升废旧产品的回收量以及闭环供应链和各方的目标收益，而 Hong 等(2014)将其研究扩展到政府回收处理基金对多个回收供应链的影响。

综观以上文献，都是在传统逆向物流的基础上研究政府补贴问题，而本书将研究领域扩展至 O2O 在线回收商领域，以在线回收商为研究对象。虽然以上研究重点分析了基金补贴政策对回收渠道、再制造竞争以及逆向供应链竞争等问题的影响，但鲜有学者研究回收商对回收品的再售问题。尽管部分学者(刘慧慧等，2013；Liu et al.，2016；刘慧慧和刘涛，2017)分析了正规回收渠道与非正规回收渠道的再售竞争问题，但未考虑制造商对回收商再售策略的应对问题。基于此，本章构建基于政府回收处理基金的在线回收闭环供应链系统，旨在考察在线回收模式下政府处理基金与补贴是否真的能够增大回收量，提升产品利用率，改善消费者剩余。希望本书所得结论能够为在线回收商提供行之有效的回收再售策略，同时为制造商生产再制造和政府基金政策的制定提供理论帮助。

4.2 问题描述

考虑由制造商、在线回收商以及政府构成的闭环供应链系统。制造商生产和销售新产品，而在线回收商负责回收。回收商可将回收品以二手产品形式再售给消费者，在线回收商具有多种再售策略：①全部再售，将回收品全部以二手产品形式卖给消费者。②部分再售，仅出售部分回收品给消费者，剩余回收品拆解后出售给制造商。③无再售，当 O2O 在线回收商不进行再售时，将回收品全部转移给制造商进行再制造。为了鼓励回收再制造，政府颁布《废弃电器电子产品回收处理管理条例》并指出制造商要根据产量缴纳处理基金，然后对具有废旧产品拆解资质的企业按其回收品拆解数量进行补贴。该回收处理基金与补贴会对 O2O 在线回收供应链造成何种影响将成为本章研究的重点。

4.2.1 符号与变量

为了避免重复，关于变量 v、c_m、c_r、p_m、p_o、q_m、q_o、b、θ、Δ、CS、$\Pi_i(i=m, o)$ 的解释说明可参考第 3 章 3.2.1 部分，本章不再给出。

t——政府对制造商单位产品所征收的处理基金。

s——拆解单位废旧产品所获得的政府补贴。

4.2.2 模型假设

关于制造商再制造能力，制造商与在线回收商博弈关系，是否考虑回收品质量差异性以及在线回收商回收量约束的假设可参考第 3 章假设(1)~假设(4)。

(1)与第 3 章假设(4)相同，考虑回收商回收成本是其回收量的二次函数，即 $kq_r^2/2$。同时，本章研究不考虑回收过程中所产生的其他成本，也不考虑在线回收商再售过程中对回收品翻新所投入的成本以及开通再售业务所投入的固定成本。一方面因为本章所考虑的模型中回收商都为在线回收商，无须通过翻新成本和固定成本体现模型的差异性；另一方面即使考虑翻新成本和固定成本也不会从性质上改变本章结论。

(2)假设制造商支付给在线回收商的单位转移价格与政府单位拆解补贴满足 $0<b<b+s<k\theta/(3\theta+k)$。该假设中 b 表示在线回收商不进行拆解时转移单位回收品给制造商所获得的收益，而 $b+s$ 则表示在线回收商将拆解后的单位回收品转移给制造商时所获得的收益。不管在线回收商是否获得拆解补贴，其单位回收品转移收益都不能够高于某一临界值，因为根据第 3 章的研究结果，较高的单位转移收益将导致回收商再售意愿减弱，不能保证其再售策略的成立，不利于本章在线回收商再售策略问题研究的开展。此外，制造商出于自身收益的考虑也不会为在线回收商制定非常高的转移价格。

(3)为了方便表述，以上标 $j=\{O, M\}$ 表示补贴回收商或补贴制造商决策模型，同时以上标 $K=\{p, n\}\times\{a, p, n\}$ 表示在线回收商的回收再售策略，例如 pa 为部分回收全部再售，pp 为部分回收部分再售，pn 为部分回收无再售。

4.2.3 需求分析

O2O 模式下，制造商新产品与在线回收商二手产品价格需求关系为

$$p_m=1-q_m-\theta q_o;\ p_o=\theta(1-q_m-q_o) \tag{4.1}$$

其推导过程可参考第 3 章 3.4 部分效用需求推导过程，为了避免重复以及增强论文的可读性，本章不再赘述。

4.3 补贴回收商模型

随着政府生产责任延伸制度的实施，制造商要通过上缴基金的形式承

担废旧电器电子产品的回收处理责任（Wang and Chen，2011）。一些回收商为获得政府补贴申请废旧电器电子产品拆解资质，例如格林美股份有限公司、九仓再生资源开发有限公司，同时这些回收商开通线上回收平台“回收哥”以及“虎哥回收”。在线回收商获得拆解补贴的闭环供应链系统如图 4.1所示。

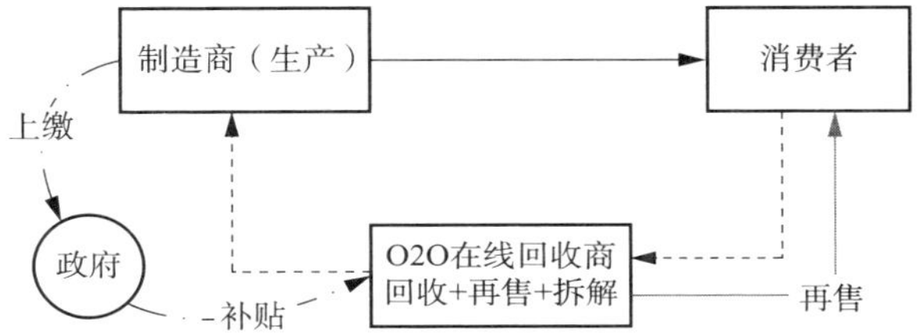

图 4.1　政府补贴下 O2O 回收供应链

根据 4.2 部分的符号、假设以及需求函数可将政府补贴在线回收商情形下的优化问题表示为

$$\begin{cases}\max\limits_{q_m} \Pi_m^O=(p_m-c_m-t)q_m+(\Delta-b)(q_r-q_o)\\ \max\limits_{q_r,q_o} \Pi_o^O=p_oq_o+(b+s)(q_r-q_o)-kq_r^2/2\\ \text{s. t. } q_m>q_r\geqslant q_o\geqslant 0\end{cases}\tag{4.2}$$

通过静态博弈方法对式（4.2）的优化问题进行求解。由式（4.2）中制造商和在线回收商利润函数可得其广义拉格朗日函数为

$$\begin{cases}L_m^O(q_m,\ \lambda_m,\ u_m)=(p_m-c_m-t)q_m+(\Delta-b)(q_r-q_o)+\lambda_m(q_m-q_r)+u_mq_m\\ L_o^O(q_o,\ q_r,\ \lambda_1,\ \lambda_2,\ u)=p_oq_o+(b+s)(q_r-q_o)kq_r^2/2+\lambda_1(q_m-q_r)+\lambda_2(q_r-q_o)+uq_o\end{cases}\tag{4.3}$$

其中，$\lambda_m\geqslant 0$，$u_m\geqslant 0$，$\lambda_1\geqslant 0$，$\lambda_2\geqslant 0$，$u\geqslant 0$ 为拉格朗日乘子，根据式（4.3）可得

$$\begin{cases} \mathrm{d}L_m^O/\mathrm{d}q_m = 1-\theta q_o - c_m - t - 2q_m + \lambda_m + u_m \\ \mathrm{d}L_o^O/\mathrm{d}q_o = \theta(1-q_m-q_o) - b - s - \theta q_o - \lambda_2 + u \\ \mathrm{d}L_o^O/\mathrm{d}q_r = b + s - kq_r - \lambda_1 + \lambda_2 \end{cases} \tag{4.4}$$

因为 $\mathrm{d}^2\Pi_m/\mathrm{d}q_m^2=-2$，所以制造商利润是关于 q_m 的凹函数，同时在线回收商利润函数的 Hessian 矩阵$\begin{pmatrix}-2\theta & 0\\ 0 & -k\end{pmatrix}$为负定，所以该利润函数是关于 q_o、q_r 的凹函数。优化问题式(4.2)存在最优解的充分必要条件为 $\mathrm{d}L_m^O/\mathrm{d}q_m=0$，$\mathrm{d}L_o^O/\mathrm{d}q_o=0$，$\mathrm{d}L_o^O/\mathrm{d}q_r=0$，同时满足 $\lambda_m(q_m-q_r)=0$，$u_m q_m=0$，$\lambda_1(q_m-q_r)=0$，$\lambda_2(q_r-q_o)=0$，$uq_o=0$ 且 $\lambda_m\geqslant 0$，$u_m\geqslant 0$，$\lambda_1\geqslant 0$，$\lambda_2\geqslant 0$，$u\geqslant 0$。

4.3.1 补贴回收商无再售

若在线回收商部分回收无再售，则 $q_m>q_r>q_o=0$。此时 $\lambda_m=0$，$u_m=0$，$\lambda_1=0$，$\lambda_2=0$，$q_o=0$，将其代入式(4.4)可得

$$q_m^{Opn*}=\frac{1-c_m-t}{2};\ u=\frac{2(b+s)-\theta(1+t+c_m)}{2};\ q_r^{Opn*}=\frac{b+s}{k} \tag{4.5}$$

为满足约束条件 $q_m>q_r$，$u\geqslant 0$，则 $t\leqslant \min\{t_1^O,\ t_2^O\}$，其中 $t_1^O=\frac{k(1+c_m)-2(b+s)}{k}$，$t_2^O=\frac{2(b+s)-\theta(1+c_m)}{\theta}$。根据假设(2)，可得 $t_2^O<t_1^O$。因此，部分回收无再售取得最优解的条件为 $t\leqslant t_2^O$。此时，制造商和在线回收商最优利润为

$$\Pi_m^{Opn*}=\frac{(1-t-c_m)^2}{4}+\frac{(\Delta-b)(b+s)}{k};\ \Pi_o^{Opn*}=\frac{(b+s)^2}{2k} \tag{4.6}$$

若在线回收商无回收无再售，则 $q_m>q_r=q_o=0$。此时 $\lambda_m=0$，$u_m=0$，$\lambda_1=0$，$q_r=0$，$q_o=0$，将其代入式(4.4)可得

$$q_m^{Opn*}=\frac{1-c_m-t}{2};\ u=\frac{-\theta(1+t+c_m)}{2}<0;\ \lambda_2=-(b+s)<0 \tag{4.7}$$

无法满足约束条件大于等于 0，$u \geqslant 0$，故不成立。

推论 4.1：无再售时，均衡利润分析：

(1)制造商：制造商利润随 t 的增大而减小，随 s 的增大而增大。

(2)回收商：回收商利润随 s 的增大而增大，与 t 无关。

推论 4.1 证明：根据部分回收无再售情形下制造商和回收商利润可得

$$\begin{cases} \dfrac{\mathrm{d}\Pi_m^{Opn*}}{\mathrm{d}t} = \dfrac{t+c_m-1}{2} < 0; \quad \dfrac{\mathrm{d}\Pi_m^{Opn*}}{\mathrm{d}s} = \dfrac{\Delta-b}{k} > 0 \\ \dfrac{\mathrm{d}\Pi_o^{Opn*}}{\mathrm{d}t} = 0; \quad \dfrac{\mathrm{d}\Pi_o^{Opn*}}{\mathrm{d}s} = \dfrac{b+s}{k} > 0 \end{cases} \tag{4.8}$$

证毕。

当在线回收商无再售时，回收品全部流向制造商进行再制造。随着政府补贴的增大，在线回收商提升回收量，自身收益增加。由于在线回收商回收量的增大，制造商再制造量增大，故制造商利润提升。此外，政府向制造商收取的回收处理基金增加了制造商生产成本引起制造商利润下降，但对在线回收商决策无影响。该结论与余福茂等(2014)、赵晓敏等(2018)、李新然和陈蓉(2015)、Wang 等(2014)以及刘慧慧等(2013)的观点一致。政府回收处理基金能够有效提升回收企业的回收量，同时具有两面性，可能对制造商不利。此外，生态环境部发布的数据也验证了回收处理基金对回收率的正向影响，2013—2017 年中国的绿色回收率(实际拆解量占理论报废量的比率)有上升趋势，从 2013 年的 37.94%提高到了 2017 年的 70%以上。

4.3.2　补贴回收商部分再售

若在线回收商部分回收部分再售，则 $q_m > q_r > q_o > 0$。此时 $\lambda_m = 0$，$u_m = 0$，$\lambda_1 = 0$，$\lambda_2 = 0$，$u = 0$，将其代入式(4.4)可得

$$q_m^{Opp*}=\frac{b+s-\theta+2(1-c_m-t)}{4-\theta};\ q_o^{Opp*}=\frac{\theta(c_m+t+1)-2(b+s)}{\theta(4-\theta)};\ q_r^{Opp*}=\frac{b+s}{k} \tag{4.9}$$

为满足约束条件 $q_m>q_r>q_o>0$，则 $t_2^O<t<\min\{t_3^O,\ t_4^O\}$，其中 $t_3^O=\frac{(k+\theta-4)(s+b)+2k(1-c_m)-k\theta}{2k}$，$t_4^O=\frac{(b+s)(2k+4\theta-\theta^2)-k\theta(c_m+1)}{k\theta}$。根据假设(2)，可得 $t_4^O<t_3^O$。因此，部分回收部分再售取得最优解的条件为 $t_2^O<t<t_4^O$。此时，制造商和在线回收商利润为

$$\begin{cases}\Pi_m^{Opp*}=\frac{[b+s-\theta+2(1-c_m-t)]^2}{(4-\theta)^2}+\frac{(\Delta-b)\xi_{41}}{k\theta(4-\theta)}\\ \Pi_o^{Opp*}=\frac{[2(b+s)-\theta(1+t+c_m)]^2}{\theta(4-\theta)^2}+\frac{(s+b)^2}{2k}\end{cases} \tag{4.10}$$

其中，$\xi_{41}=(b+s)(2k+4\theta-\theta^2)-k\theta(c_m+t+1)$。

推论 4.2：部分再售时，均衡利润分析：

(1)制造商：制造商利润随 t 的增大而减小，随 s 的增大而增大。

(2)回收商：回收商利润随 t 的增大而增大；当 $t_2^O<t\leqslant t^*$ 时，随 s 的增大而增大；当 $t^*<t<t_4^O$ 时，随 s 的增大而减小。

推论 4.2 证明：根据部分回收部分再售情形下制造商利润可得

$$\frac{d\Pi_m^{Opp*}}{dt}=\frac{8t}{(4-\theta)^2}+\frac{\theta(\Delta-b)-4(\Delta+s)+4\theta+8(c_m-1)}{(4-\theta)^2} \tag{4.11}$$

$$\frac{d\Pi_m^{Opp*}}{ds}=\frac{2[b+s-\theta+2(1-t-c_m)]}{(4-\theta)^2}+\frac{(\Delta-b)(2k+4\theta-\theta^2)}{k\theta(4-\theta)} \tag{4.12}$$

在 $t_2^O<t<t_4^O$ 的约束范围内 $\frac{d\Pi_m^{Opp*}}{dt}<0$，$\frac{d\Pi_m^{Opp*}}{ds}>0$。由部分回收部分再售情形下回收商利润可得

$$\frac{\mathrm{d}\Pi_o^{Opp*}}{\mathrm{d}t}=\frac{2[\theta(1+c_m+t)-2(b+s)]}{(4-\theta)^2} \tag{4.13}$$

$$\frac{\mathrm{d}\Pi_o^{Opp*}}{\mathrm{d}s}=\frac{4[2(b+s)-\theta(1+t+c_m)]}{\theta(4-\theta)^2}+\frac{b+s}{k} \tag{4.14}$$

在 $t_2^O<t<t_4^O$ 的约束范围内$\frac{\mathrm{d}\Pi_o^{Opp*}}{\mathrm{d}t}>0$。当 $t_2^O<t\leqslant t^*$ 时，$\frac{\mathrm{d}\Pi_o^{Opp*}}{\mathrm{d}s}\geqslant 0$；当 $t^*<t<t_4^O$ 时，$\frac{\mathrm{d}\Pi_o^{Opp*}}{\mathrm{d}s}<0$，其中 $t^*=\frac{[8k+\theta(4-\theta)^2](b+s)-4k\theta(c_m+1)}{4k\theta}$ 为 $\mathrm{d}\Pi_o^{Opp*}/\mathrm{d}s=0$ 的解。

从推论 4.2 中依然发现政府对制造商征收处理基金将降低制造商利润，但政府补贴却有助于提升制造商利润，原因在于政府处理基金增加了制造商成本导致其产量降低，而政府补贴却有助于制造商提升再制造量从而节省成本。对于在线回收商而言，政府处理基金促进了回收商再售量的提升进而使其利润增大。此外，发现政府补贴的提升并不一定能促进在线回收商利润，因为当政府所征收的回收处理基金额度较高时，在线回收商再售量增大，造成可拆解回收品减少。虽然此时提升政府补贴能够提升在线回收商拆解单位回收品的转移收益，但拆解量的下降占据了主导地位，导致在线回收商拆解回收品的整体转移收益降低，并且此时再售收益的增量无法弥补转移收益的降低，故引起在线回收商利润随政府补贴的增加而降低。根据 Wind 金融终端统计的财政部公开数据，2012—2017 年，废弃电器电子产品处理基金支出预算约 220.91 亿元，实际支出约 143.22 亿元，二者差额约 78 亿元。面对如此巨大的基金亏空，部分学者建议增大基金的征收额度，从而达到收支平衡。但从本部分研究中可以看出，简单地增大基金征收额度，提升拆解补贴水平对在线回收商未必有利，因此对于回收处理基金的调整更需要从供应链整体角度全面考虑。

4.3.3 补贴回收商全部再售

若在线回收商部分回收全部再售，则 $q_m>q_r=q_o>0$。此时 $\lambda_m=0$，$u_m=0$，$\lambda_1=0$，$u=0$，$q_o=q_r$，将其代入式(4.4)可得

$$\begin{cases} q_m^{Opa*}=\dfrac{(k+2\theta)(1-c_m-t)-\theta^2}{2k+4\theta-\theta^2}; \quad q_r^{Opa*}=\dfrac{\theta(1+t+c_m)}{2k+4\theta-\theta^2} \\ \lambda_2=\dfrac{k\theta(c_m+t+1)}{2k+4\theta-\theta^2}-(b+s) \end{cases} \tag{4.15}$$

为满足约束条件 $\lambda_2\geqslant 0$，$q_m>q_r$，则 $b+s<\dfrac{k\theta}{3\theta+k}$且 $t_4^O\leqslant t<t_5$，其中 $t_5=\dfrac{k-\theta^2+\theta}{k+3\theta}-c_m$。此时，制造商和在线回收商利润为

$$\Pi_m^{Opa*}=\frac{[(k+2\theta)(1-t-c_m)-\theta^2]^2}{(2k+4\theta-\theta^2)^2}; \quad \Pi_o^{Opa*}=\frac{\theta^2(k+2\theta)(1+t+c_m)^2}{2(2k+4\theta-\theta^2)^2} \tag{4.16}$$

推论4.3：全部再售时，均衡利润分析：

(1)制造商：制造商利润随 t 的增大而减小，与 s 无关。

(2)回收商：回收商利润随 t 的增大而增大，与 s 无关。

推论4.3证明：根据部分回收全部再售情形下制造商和回收商利润可得

$$\begin{cases} \dfrac{d\Pi_m^{Opa*}}{dt}=\dfrac{2(k+2\theta)[(c_m+t-1)(k+2\theta)+\theta^2]}{(2k+4\theta-\theta^2)^2} \\ \dfrac{d\Pi_o^{Opa*}}{dt}=\dfrac{\theta^2(k+2\theta)(1+t+c_m)}{(2k+4\theta-\theta^2)^2}; \quad \dfrac{d\Pi_m^{Opa*}}{ds}=0; \quad \dfrac{d\Pi_o^{Opa*}}{ds}=0 \end{cases} \tag{4.17}$$

在 $t_4^O\leqslant t<t_5$ 的约束下 $d\Pi_m^{Opa*}/dt<0$，$d\Pi_o^{Opa*}/dt>0$，证毕。

类似于部分再售，全部再售时政府对制造商征收的处理基金增加了制

造商成本，从而降低了制造商市场竞争力，却引起回收商再售量增大，故制造商利润与处理基金负相关，而回收商利润与处理基金正相关。此外，在全部再售策略下没有回收品被拆解流向制造商进行再制造，所以制造商和在线回收商利润都不受政府补贴水平的影响。

根据 4.3.1~4.3.3 部分的计算结果可得在政府回收处理基金影响下在线回收商的最优回收再售策略如命题 4.1 所示。

命题 4.1：当 $0<t\leqslant t_2^O$ 时，在线回收商无再售；当 $t_2^O<t<t_4^O$ 时，在线回收商部分再售；当 $t_4^O\leqslant t<t_5$ 时，在线回收商全部再售。其中 $t_2^O=\frac{2(b+s)-\theta(1+c_m)}{\theta}$，$t_4^O=\frac{(b+s)(2k+4\theta-\theta^2)-k\theta(c_m+1)}{k\theta}$，$t_5=\frac{k-\theta^2+\theta}{k+3\theta}-c_m$。

从命题 4.1 中可以看出，随着政府对制造商征收处理基金的增加，在线回收商再售意愿增强，再售策略依次由无再售转变为部分再售最后为全部再售。原因在于较高的政府处理基金增加了制造商生产成本，制造商零售价格提升，市场竞争力下降，此时二手产品市场需求旺盛，因此在线回收商将更多的回收品以二手产品形式再售。此外，发现 t_2^O、t_4^O 都是关于政府补贴的增函数且 t_4^O 增长率高于 t_2^O，表明政府补贴增大了在线回收商采取无再售或部分再售的策略空间，降低了在线回收商再售热情。

综上所述，政府回收处理基金是一把“双刃剑”，首先，从征收处理基金的角度来说，处理基金有利于在线回收商再售二手产品，开拓市场为自己造血，但不利于回收品流向正规拆解渠道，帮助政府建立规范化的回收拆解体系。其次，从政府补贴角度来说，补贴有助于提升在线回收商的回收动力，使更多的废旧产品流向正规回收拆解渠道，达到重塑回收体系的目的。但是，政府补贴容易使在线回收拆解企业产生依赖性，从而在失去补贴后迅速退出市场。根据从事废弃电器电子产品拆解业务的鑫广绿环数据，2014—2017 年公司拆解补贴一直占废弃电器电子产品拆解业务收入的60%左右，回收拆解企业自身业务单一、造血能力有限也是造成现阶段处理基金收支不平衡的主要原因。

4.4 补贴制造商模型

在废旧电器电子产品处理基金的促使下，部分制造商如格力、长虹也申请获得废旧产品拆解处理资质，并根据其拆解量获得政府补贴，此时供应链结构如图 4.2 所示。

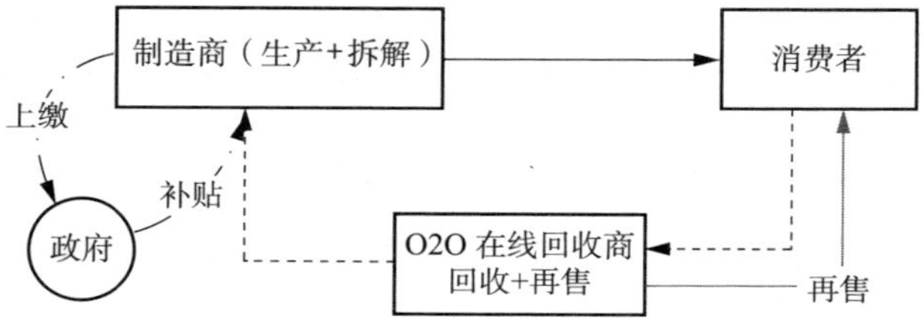

图 4.2　补贴制造商时供应链结构

根据 4.2 部分的符号、假设以及需求函数可将制造商获得拆解补贴情形下制造商和在线回收商的优化问题表示为

$$\begin{cases}\max\limits_{q_m}\Pi_m^M=(p_m-c_m-t)q_m+(\Delta-b+s)(q_r-q_o)\\ \max\limits_{q_r,q_o}\Pi_o^M=p_oq_o+b(q_r-q_o)-kq_r^2/2\\ \text{s. t. }q_m>q_r\geqslant q_o\geqslant 0\end{cases}\tag{4. 18}$$

关于补贴制造商优化问题式(4. 18)的求解过程类似于补贴在线回收商优化问题式(4. 2)，不再赘述。补贴制造商情形下在线回收商最优再售策略如命题 4. 2 所示，为了方便表述，令 $t_2^M=\dfrac{2b-\theta(1+c_m)}{\theta}$，$t_4^M=\dfrac{(2k+4\theta-\theta^2)b}{k\theta}-$

$(1+c_m)$，$t_5=\dfrac{k-\theta^2+\theta}{3\theta+k}-c_m$。

命题 4.2：当 $0<t\leqslant t_2^M$ 时，在线回收商无再售；当 $t_2^M<t<t_4^M$ 时，在线回收商部分再售；当 $t_4^M\leqslant t<t_5$ 时，在线回收商全部再售。

类似于命题 4.1，随着政府回收处理基金的增加，在线回收商再售意愿增强，但不同再售策略区间范围发生细微变化。具体来说，当制造商获得拆解补贴时，在线回收商再售策略选择不受政府补贴的影响，相较于回收商获得拆解补贴的命题 4.1，此时在线回收商无再售以及部分再售策略区间减小，而全部再售策略空间增大。这是因为制造商获得拆解补贴时，在线回收商单位产品拆解收益降低，从而导致更多回收品流向二手产品市场。

4.5　对比分析

接下来将对比分析回收商获得拆解补贴或制造商获得拆解补贴两种模型下制造商利润、在线回收商利润、回收率、消费者剩余以及回收处理基金的变化情况。但是，由于模型的复杂性，本部分仅给出回收处理基金和消费者剩余的变化情况，而两种补贴模型中制造商利润、回收商利润和回收率的比较将在算例分析部分进行讨论。

为了便于表述，以参数 T、S 表示基金总量和补贴总量，并通过 $T^{jK}=q_m^{jK}t$ 表示 j 补贴模型中 K 回收再售策略下基金总量，而 $S^{jK}=(q_r^{jK}-q_o^{jK})s$ 表示 j 补贴模型中 K 回收再售策略下补贴总量。关于上标 j、K 的说明可参照 4.2.2 部分假设(3)。根据 4.3 部分和 4.4 部分计算过程可得两种补贴模型下不同回收再售策略中基金总量和补贴总量，如表 4.1 所示。

表 4.1　两种补贴模型下基金总量和补贴总量

	补贴回收商（O）	补贴制造商（M）
无再售（pn）	$T^{Opn*}=\frac{t(1-t-c_m)}{2}$；$S^{Opn*}=\frac{(b+s)s}{k}$	$T^{Mpn*}=\frac{(1-t-c_m)t}{2}$；$S^{Mpn*}=\frac{bs}{k}$
部分再售（pp）	$T^{Opp*}=\frac{[b+s-\theta+2(1-c_m-t)]t}{4-\theta}$；$S^{Opp*}=\frac{s[(2k+4\theta-\theta^2)(s+b)-k\theta(1+t+c_m)]}{k\theta(4-\theta)}$	$T^{Mpp*}=\frac{[b-\theta+2(1-t-c_m)]t}{4-\theta}$；$S^{Mpp*}=\left[\frac{b}{k}-\frac{2b+\theta(1+t+c_m)}{\theta(\theta-4)}\right]s$
全部再售（pa）	$T^{Opa*}=\frac{[(k+2\theta)(1-c_m-t)-\theta^2]t}{2k+4\theta-\theta^2}$；$S^{Opa*}=0$	$T^{Mpa*}=\frac{t[(k+2\theta)(1-t-c_m)-\theta^2]}{2k+4\theta-\theta^2}$；$S^{Mpa*}=0$

命题 4.3：补贴回收商模型中基金总量和补贴总量优于补贴制造商模型，即 $T^{OK}\geqslant T^{MK}$，$S^{OK}\geqslant S^{MK}$，$K=\{p,\ n\}\times\{a,\ p,\ n\}$。

命题 4.3 证明：首先根据命题 4.1 和命题 4.2 对两种补贴模型中不同再售策略成立的约束条件进行分析，发现满足 $t_2^M<t_4^M<t_2^O<t_4^O<t_5$ 或 $t_2^M<t_2^O<t_4^M<t_4^O<t_5$。出于篇幅考虑，接下来以 $t_2^M<t_4^M<t_2^O<t_4^O<t_5$ 的约束条件关系为例进行证明：

当 $0<t\leqslant t_2^M$ 时，$T^{Mpn*}-T^{Opn*}=0$；$S^{Mpn*}-S^{Opn*}=-\frac{s^2}{k}<0$。

当 $t_2^M<t\leqslant t_4^M$ 时

$$\begin{cases}T^{Mpp*}-T^{Opn*}=\dfrac{t[2b-\theta(1+t+c_m)]}{2(4-\theta)}\\[2ex] S^{Mpp*}-S^{Opn*}=\dfrac{s[s\theta^2+2bk-4s\theta-(c_m+t+1)k\theta]}{k\theta(4-\theta)}\end{cases}\tag{4.19}$$

在约束范围 $t_2^M<t\leqslant t_4^M$ 内，$T^{Mpp*}-T^{Opn*}\leqslant 0$；$S^{Mpp*}-S^{Opn*}<0$。

当 $t_4^M<t\leqslant t_2^O$ 时

$$\begin{cases}T^{Mpa*}-T^{Opn*}=-\dfrac{t\theta^2(1+t+c_m)}{2(2k+4\theta-\theta^2)}\\[2ex] S^{Mpa*}-S^{Opn*}=-\dfrac{(b+s)s}{k}\end{cases}\tag{4.20}$$

在约束范围 $t_4^M<t\leqslant t_2^O$ 内，$T^{Mpa*}-T^{Opn*}\leqslant 0$；$S^{Mpa*}-S^{Opn*}<0$。

当 $t_2^O<t\leqslant t_4^O$ 时

$$\begin{cases} T^{Mpa*}-T^{Opp*}=\dfrac{t[(b+s)(\theta^2-2k-4\theta)+k\theta(c_m+t+1)]}{(2k+4\theta-\theta^2)(4-\theta)} \\ S^{Mpa*}-S^{Opp*}=\dfrac{s[(b+s)(\theta^2-2k-4\theta)+k\theta(c_m+t+1)]}{k\theta(4-\theta)} \end{cases} \tag{4.21}$$

在约束范围 $t_2^O<t\leqslant t_4^O$ 内，$T^{Mpa*}-T^{Opp*}\leqslant 0$；$S^{Mpa*}-S^{Opp*}<0$。

当 $t_4^O<t\leqslant t_5$ 时，$T^{Mpa*}-T^{Opa*}=0$；$S^{Mpa*}-S^{Opa*}=0$。同理，可证 $t_2^M<t_2^O<t_4^M<t_4^O<t_5$ 约束关系下两种补贴模型中基金总量和补贴总量的大小关系。

命题 4.3 表明回收商获得拆解补贴时，政府向制造商收取的基金以及拆解补贴都优于制造商获得拆解补贴的情形。原因在于回收商获得拆解补贴时，拆解补贴更有助于刺激在线回收商拆解回收品，从而增大拆解量获得高额补贴费用。随着拆解量的增大，制造商再制造水平提升，成本降低，引起制造商产量增大，导致所缴纳的处理基金也随之增加。此外，对不同再售策略下处理基金总量和补贴总量进行敏感性分析发现，随着政府单位回收处理基金的增加，回收基金总量呈现先增大后减小的趋势，这是因为当政府回收处理基金较高时制造商新产品产量下降显著导致回收基金总量降低。同时，政府补贴总量在无再售和全部再售策略下与政府回收处理基金无关，而在部分再售策略下因为拆解量随政府回收处理基金的增加而下降导致拆解补贴降低。

命题 4.4：补贴制造商模型中消费者剩余优于补贴回收商模型，即 $CS^{MK}>CS^{OK}$，$K=\{p,\ n\}\times\{a,\ p,\ n\}$。

命题 4.4 证明：根据两种不同补贴模型中在线回收商与制造商不同再售策略下的最优解推导消费者剩余。通过消费者购买制造商产品和在线回收商再售产品所获得净效用可推导消费者剩余为

$$CS=\int_{\frac{p_o}{\theta}}^{\frac{p_m-p_o}{1-\theta}}(\theta v-p_o)\mathrm{d}v+\int_{\frac{p_m-p_o}{1-\theta}}^{1}(v-p_m)\mathrm{d}v \tag{4.22}$$

当在线回收商部分回收全部再售时，消费者剩余为

$$CS^{Mpa*}=CS^{Opa*}=\frac{(c_m+t)\{[(4-2k-3\theta)\theta^2+k^2+4k\theta](c_m+t)+\xi_{42}\}+\xi_{43}}{2(2k+4\theta-\theta^2)^2} \tag{4.23}$$

其中，$\xi_{42}=2[(k-4)\theta^2-\theta^4+3\theta^3-4k\theta-k^2]$，$\xi_{43}=k^2-\theta^4+\theta^3+4\theta^2+4k\theta$。

当在线回收商部分回收部分再售时，消费者剩余为

$$\begin{cases}CS^{Mpp*}=\dfrac{(4-3\theta)b^2+[2\theta^2(c_m+t+2)-8\theta]b+\xi_{44}}{2\theta(4-\theta)^2}\\[2ex] CS^{Opp*}=\dfrac{(b+s)[2\theta^2(t+c_m)+(4-3\theta)(b+s)+4\theta(\theta-2)]+\xi_{44}}{2\theta(4-\theta)^2}\end{cases} \tag{4.24}$$

其中，$\xi_{44}=\theta(t+c_m)[(4-3\theta)(t+c_m)-2\theta^2+6\theta-8]-\theta^3+\theta^2+4\theta$。

当在线回收商部分回收无再售时，消费者剩余为

$$CS^{Mpn*}=CS^{Opn*}=\frac{(1-c_m-t)^2}{8} \tag{4.25}$$

参考命题 4.3 的证明过程，接下来依然以 $t_2^M<t_4^M<t_2^O<t_4^O<t_5$ 的约束条件关系为例进行证明：

当 $0<t\leqslant t_2^M$ 时，$CS^{Mpn*}-CS^{Opn*}=0$。

当 $t_2^M<t\leqslant t_4^M$ 时

$$CS^{Mpp*}-CS^{Opn*}=\frac{[\theta(1+t+c_m)-2b][\xi_{45}-\theta(c_m+t)(4+\theta)]}{8\theta(4-\theta)^2} \tag{4.26}$$

其中，$\xi_{45}=6b\theta-5\theta^2-8b+12\theta$，在约束范围 $t_2^M<t\leqslant t_4^M$ 内，$CS^{Mpp*}-CS^{Opn*}\geqslant 0$。

当 $t_4^M<t\leqslant t_2^O$ 时

$$CS^{Mpa*}-CS^{Opn*}=\frac{\theta^2(1+t+c_m)[4k-5\theta^2+12\theta-(\theta^2+4k+4\theta)(t+c_m)]}{8(2k+4\theta-\theta^2)^2} \tag{4.27}$$

在约束范围 $t_4^M<t\leqslant t_2^O$ 内，$CS^{Mpa*}-CS^{Opn*}\geqslant 0$。

当 $t_2^O<t\leqslant t_4^O$ 时

$$CS^{Mpa*}-CS^{Opp*}=\frac{(((3\theta-4)[2k+\theta(4-\theta)])(b+s)+\xi_{46})\xi_{47}}{2\theta(2k+4\theta-\theta^2)^2(4-\theta)^2} \tag{4.28}$$

其中，$\xi_{46}=\theta[2\theta^2(\theta-4)-(\theta+4)k](t+c_m)+4\theta^2(\theta-4)(\theta-2)+k\theta(12-5\theta)$，$\xi_{47}=(2k+4\theta-\theta^2)(b+s)-k\theta(1+t+c_m)$，在约束范围 $t_2^O<t\leqslant t_4^O$ 内，$CS^{Mpa*}-CS^{Opp*}\geqslant 0$。

当 $t_4^O<t\leqslant t_5$ 时，$CS^{Mpa*}-CS^{Opa*}=0$。同理，可证 $t_2^M<t_2^O<t_4^M<t_4^O<t_5$ 约束关系下两种补贴模型中消费者剩余的大小关系。

命题 4.4 给出了两种补贴模型下消费者剩余的变化情况，由于制造商获得拆解补贴时相对较低的新产品和二手产品销售价格使消费者剩余优于回收商获得拆解补贴时。究其原因发现，制造商获得拆解补贴使其再制造收益增大，从而弥补了回收基金所导致的生产成本增加，因此相对回收商获得拆解补贴，制造商新产品销售价格降低。此时，在线回收商为了维持二手产品市场需求，与制造商进行价格战，从而也降低二手产品售价。此外，对消费者剩余进行敏感性分析发现，消费者剩余随政府回收处理基金的增加而减小，这是由于政府回收处理基金的增加导致制造商新产品生产成本增加，价格提升，销售量下降。虽然较高的回收处理基金能够引起二手产品销售量增大，使二手产品市场消费者剩余提升，但依然无法弥补新产品市场消费者剩余的损失。

4.6 算例分析

由于两种补贴情形下均衡解和约束条件的复杂性，该部分以算例分析形式考察回收商获得拆解补贴和制造商获得拆解补贴对在线回收商利润、制造商利润以及回收率的影响。

4.6.1 在线回收商利润比较

根据两种补贴模型中不同再售策略下在线回收商均衡利润，假设参数为 $\theta=0.45$，$\Delta=0.4$，$c_m=0.5$，$s=0.07$，$b=0.34$，$k=15$，绘制图 4.3。

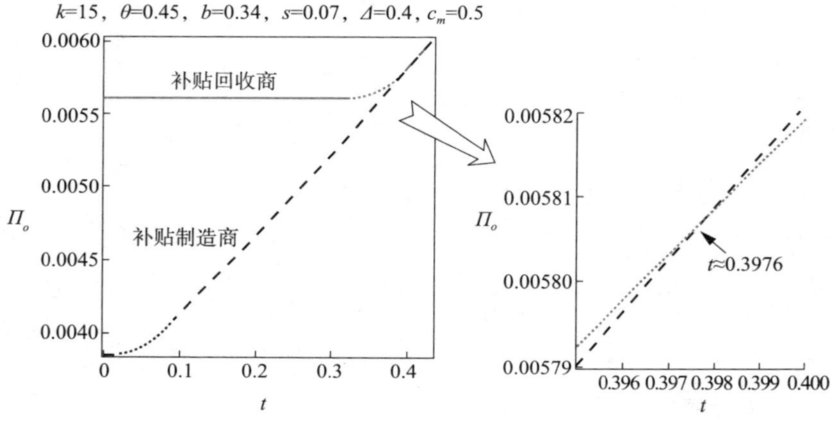

图 4.3 回收商利润对比分析

首先，从图 4.3 中发现在线回收商利润随着政府回收处理基金的增加而增大，这是由于政府回收处理基金增加了制造商生产成本，导致制造商新产品销售量下降，而在线回收商再售量和再售价格提升。其次，当政府回收处理基金非常低时（$0<t<0.3976$），相对再售而言，将回收品拆解获得补贴并出售给制造商进行再制造更有利可图，补贴回收商模型中较高的拆解量导致在线回收商利润较优。当回收处理基金处于中间值时（$0.3976\leq t<0.419$），在

线回收商再售意愿增强，回收品拆解量下降，补贴制造商模型中较高的再售量导致在线回收商利润较优。当回收处理基金非常高时($t \geq 0.419$)，在线回收全部再售无回收品被拆解，因此两种补贴模型无差异。

4.6.2　制造商利润比较

根据两种补贴模型中不同再售策略下制造商均衡利润，假设参数为$\theta=0.45$，$\Delta=0.4$，$c_m=0.5$，$s=0.07$，$b=0.34$，$k=15$，绘制图4.4。

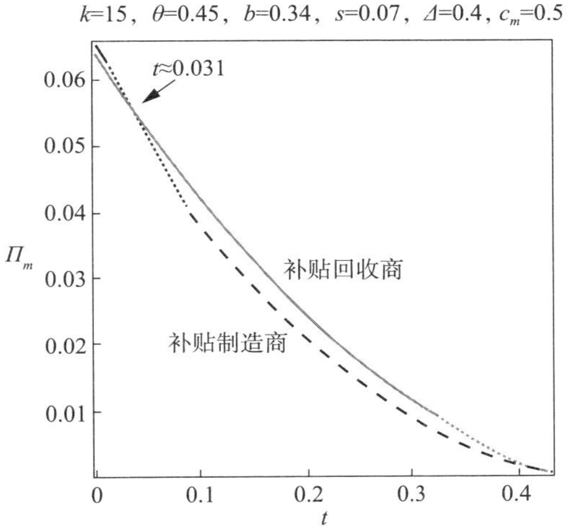

图4.4　制造商利润对比分析

由于政府回收处理基金增加了制造商生产成本，因此在图4.4中制造商利润随着政府回收基金的增加而减小。同时，发现当政府回收处理基金非常低时($t<0.031$)，制造商获得拆解补贴时制造商利润优于回收商获得拆解补贴的情形，虽然此时制造商再制造水平低于回收商获得拆解补贴的情形，但所获得的拆解补贴能够有效弥补其再制造损失。当政府回收处理基金居中时($0.031 \leq t<0.419$)，回收商获得拆解补贴情形下较高的再制造水平导致制造商利润优于自身获得拆解补贴的情形。最后，当政府回收处理基金较高时($t \geq 0.419$)，回收品全部再售，两种补贴模式下制造商利润

无差异。

综上所述，制造商是否需要申请拆解资质获得拆解补贴并不能通过回收处理基金的高低直观判断，当处理基金较高时通常认为制造商应该积极申请拆解资质获得拆解补贴从而弥补所缴纳的高额处理基金，但研究表明此时选择再制造水平较高的在线回收商补贴模型可能更优。对比图 4.3 和图 4.4 来看，当回收处理基金较低（$0<t<0.031$）或处理基金较高（$0.3976\leq t<0.419$）时，在线回收商与制造商之间关于补贴资质存在冲突，从而不利于供应链的稳定，正如公彦德等（2016）在研究中所述，制造商申请拆解资质可能出现供应链不稳定的局面。但当处理基金处于中间值（$0.031<t<0.3976$）时，制造商与在线回收商就在线回收商获得拆解补贴模型达成一致。

4.6.3 回收率比较

根据两种补贴情形下在线回收商不同回收再售策略下均衡回收量以及新产品销售量可得回收率，假设参数为 $\theta=0.45$，$\Delta=0.4$，$c_m=0.5$，$s=0.07$，$b=0.34$，$k=15$，绘制图 4.5。

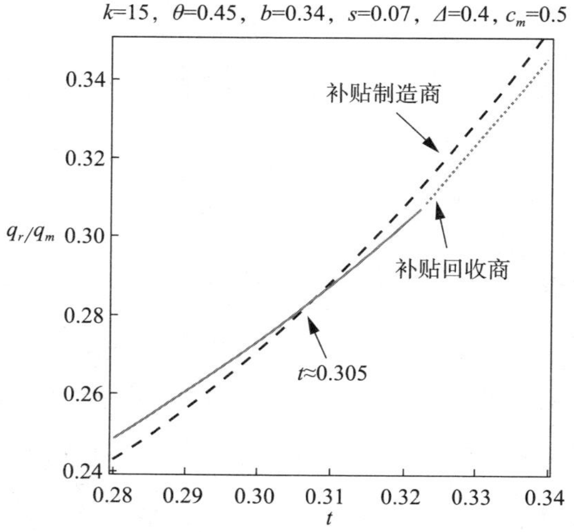

图 4.5 回收率对比分析

在闭环供应链中回收率是一个衡量回收效果的重要指标，也间接体现回收商对可持续发展的贡献。从图 4.5 中发现回收率随着政府回收处理基金的增加而增大，这是因为处理基金的增加导致制造商新产品销售量下降，而回收商回收量提升。同时，发现当政府回收处理基金低于某一临界值时（如图 4.5 中的 $t<0.305$），补贴回收商情形下较高的回收量导致其回收率高于制造商获得拆解补贴的情形。当政府回收处理基金高于该临界值时（如图 4.5 中的 $t\geqslant 0.305$），随着政府回收处理基金的增加，制造商获得拆解补贴情形下新产品销售量降低显著，因此补贴制造商模型中回收率较优。最后，在政府回收处理基金非常高（$t>0.419$）的全部再售策略下两种补贴模型无差异，但在图 4.5 中为了体现两种补贴模型的差异性所取回收处理基金范围有限，未体现出回收处理基金非常高的情形。综合两种补贴模型下回收率的比较分析结果，发现当 $0.031<t<0.305$ 时，在制造商和在线回收商就在线回收商获得拆解补贴模型达成一致的同时回收率也较优。

4.6.4　回收处理基金收支平衡

命题 4.3 分析了两种补贴模型中回收基金和补贴的大小关系，本部分将考察两种模型下基金与补贴的收支平衡问题。根据表 4.1 中不同回收再售策略下回收基金和补贴的均衡值，假设参数为 $\theta=0.45$，$\Delta=0.4$，$c_m=0.5$，$s=0.07$，$b=0.34$，$k=15$，绘制图 4.6。

图 4.6 给出了两种补贴模型下回收处理基金的收支情况，发现当补贴水平一定时（$s=0.07$），补贴制造商模型可在坐标（0.0064，0.0016）处实现收支平衡，而补贴回收商模型在坐标（0.0078，0.0019）处实现收支平衡。相较而言，制造商获得拆解补贴可以通过征收较低的单位产品回收基金实现基金与补贴的平衡，这是因为补贴制造商时在线回收商回收意愿减弱，可拆解量减少，所需的补贴费用降低。

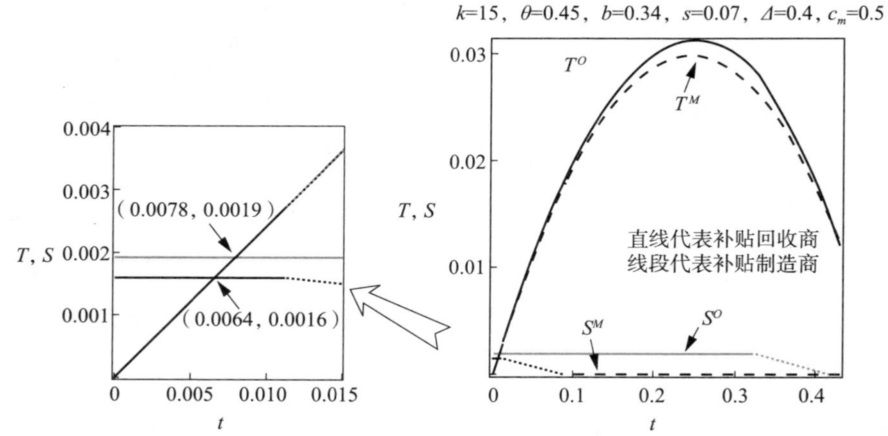

图 4.6 基金收支平衡对比分析

根据财政部披露的数据，拆解基金设立 7 年来已亏空近 80 亿元，说明现实生活中回收处理基金长期处于入不敷出的状态，即图 4.6 收支平衡点右侧。根据国务院 2012 年颁布的《废弃电器电子产品处理基金征收使用管理办法》可知，政府对生产企业电子产品基金征收标准为 7～13 元/台，而对拆解企业的补贴标准为 35～80 元/台，说明补贴标准远高于征收标准。因此，对于政府而言最为直接的实现收支平衡的办法是增大对制造商新产品基金收取额度，但通过推论 4.2 发现，增大回收处理基金征收额度将进一步损害消费者剩余，同时有可能损害在线回收商利润。拆解基金是维持废旧产品拆解企业正常运转的重要经济基础，若继续补贴就需要克服巨额亏空；若停止补贴无异于扼杀正规回收渠道的发展，行业中非法拆解现象将更加猖獗。在此，笔者提出两种实现基金平衡的方法：①在对正规拆解企业进行补贴的同时，对非法拆解企业进行惩罚，并将罚款纳入回收处理基金当中。②将按拆解量发放的拆解补贴转换为税收优惠，减轻企业负担，或补贴企业的环保设施投入，刺激拆解企业的“造血”能力。此外，政府也可以将补贴视为一种调节市场中不同类型电子产品拆解动向的手段，比如现阶段废旧手机和电视机数量较大，则增大手机以及电视机拆解补贴额度，使拆解企业集中力量“消化”对市场挤压最为严重的电子产品。

4.7　本章小结

本章研究了政府回收处理基金对在线回收商再售策略的影响。首先，考虑在线回收商具有回收品拆解处理资质并获得拆解补贴的情形，建立相应的闭环供应链模型，并通过非线性规划理论求模型最优解。研究发现，随着政府回收处理基金的增加，在线回收商再售意愿增强，再售策略由无再售转变为部分再售最后为全部再售。同时，发现政府回收处理基金增加了制造商生产成本，因此制造商利润与回收处理基金负相关。而在线回收商却因政府回收处理基金的增加获得更高的二手产品销量，利润提升。此外，发现政府补贴可以降低在线回收商的再售热情，从而增加无再售以及部分再售的策略空间。政府拆解补贴可以增大制造商利润，而对在线回收商利润影响带有不确定性。

其次，考虑制造商具有拆解资质并获得拆解补贴的情形，构建相应的决策模型，通过非线性规划理论求均衡解。研究发现，在线回收商的回收再售策略分布与回收商获得拆解补贴时具有一致性，但区间范围发生了细微变化。具体来说，当制造商获得拆解补贴时，在线回收商再售策略选择不受政府补贴的影响，单位产品拆解收益降低，因此在线回收商无再售以及部分再售策略区间减小，而全部再售策略空间增大。

最后，对比分析两种补贴情形下在线回收商利润、制造商利润、回收率以及消费者剩余发现，对于在线回收商而言，当回收处理基金较低时，补贴回收商模型中补贴收益能够弥补再售收益的损失，而随着回收处理基金的增加，补贴制造商模型中较高的再售收益占主导地位，因此补贴制造商模型中利润较优。对于制造商而言，当回收处理基金较低时，制造商获得拆解补贴可以有效克服其再制造量相对补贴回收商模型的劣势，但随着回收处理基金的增加，有限的拆解补贴将无法弥补自身获得拆解补贴时的再制造劣势，因此补贴回收商模型下制造商利润更优。当处理基金较低时，补贴回收商模型下较高的回收量导致该模型中回收率较优，而随着处理基金的增加，补贴制造商模型中较低的新产品销售量导致该模型中回收率较优。就消费者而言，制造商获得补贴时造成在线回收商拆解单位回收品所获得的收益降低，导致更多的回收品以二手产品形式流向市场，同时制造商生产成本降低，新产品销售价格降低，使消费者剩余提升。当政府回收处理基金在某一特定区间内时，能够实现制造商、在线回收商和回收率在补贴回收商模型下的协调，但无法保证此时消费者剩余较优。

第5章

在线回收商再售渠道选择研究：自营或代理

在第 4 章研究的基础上，本章将研究在线回收商的再售渠道选择问题，主要考虑两种再售渠道，分别为在线回收商自营再售或通过零售商代理再售。建立两种再售渠道决策模型，并考虑零售商销售量、在线回收商回收量以及再售量之间的约束关系，利用非线性规划理论求最优解，进而根据最优解分析在线回收商的最优再售渠道选择以及不同再售渠道策略对零售商、回收率以及消费者剩余的影响。

5.1　引言

在经历了个体回收、家电下乡以旧换新回收以及生产者责任延伸的 WEEE 基金补贴回收等多个阶段后，废旧电器电子产品回收进入了新的阶段，即“互联网+回收”。众多企业涉足该领域，比如作为国内首家废旧电器电子产品回收的在线回收商，爱回收将回收业务与互联网相结合，由此形成了 O2O 回收模式。随后，以二手手机与废旧家电为主营业务的易机网、回收哥以及有得卖(www. youdemai. com)等企业纷纷效仿，成为互联网产业的新秀。此类回收商不仅扮演传统回收者的角色，还扮演零售商角色，将回收品以二手产品形式进行再售。就再售渠道而言，不同企业间具有较大的差异性，爱回收与京东达成战略合作伙伴关系，爱回收将回收品通过京东二手优品平台进行再售，而易机网与回收宝在其回收平台直接开通二手良品板块对回收品进行再售。此种现象在国外也非常普遍，例如 Usell(www.usell.com)、eRecyclingCorps 等在线回收商通过亚马逊进行再售，而 gazelle(www.gazelle.com)、love2recycle(www.love2recycle.fr)等自己开通再售业务。两种再售模式孰优孰劣是个值得思考的问题，也将成为本章的研究重点。

以往对回收问题的研究主要集中在回收渠道选择以及制造商如何应对独立再制造商竞争威胁方面。Savaskan 等(2004)较早地对回收渠道问题进行了研究，并提出三种经典的回收模型，即零售商回收、制造商回收以及第三方回收。在此基础上，一些学者从制造商产能约束(舒秘和聂佳佳，2015)、产品差异性(聂佳佳和邓东方，2014)、回收责任分担(Shi et al.，2015)以及供应链成员风险规避(Kusukawa and Paku，2018)等角度进行了拓展研究。而 Liu 等(2017)构建了三种双渠道回收模式(第三方回收+制造商回收、第三方回收+零售商回收、制造商回收+零售商回收)，发现三种双渠道回收模式中，无论竞争强度如何，制造商回收+零售商回收模式均为最优。面对独立再制造商的竞争威胁，制造商是否应该也参与再制造呢? Agrawal 等(2015)研究发现制造商自己再制造将降低消费者对新产品的感知价格，而第三方再制造商进行再制造反而提升了消费者对新产品的感知价格，因此制造商参与回收再制造可能损害自身收益。关于制造商与独立再制造商之间再制造业务授权还是外包的问题也为一些学者所关注，例如 Zou 等(2016)研究发现若消费者对再制造品认同感较低，则第三方再制造商偏好授权方式，否则偏好外包方式，但对于制造商而言，外包方式可获得较高利润。孙浩等(2017)从环境绩效角度出发，研究发现无授权的竞争模式下回收率最高，而授权的竞争模式下回收率最低。若考虑具有产品差异性的竞争性制造商与再制造商构成的闭环供应链系统，则高端制造商对独立再制造商的专利许可有助于提升自身竞争力，进一步扩大产品的差异化(刘志等，2018）。

在 O2O 模式下，本章对回收问题的研究将发生新的改变，一方面不再关注回收渠道的选择问题，仅考虑在线回收一种模式；另一方面考虑再售问题而不是制造商与独立再制造商的再制造策略选择问题。虽然学者对回收再制造问题进行了长期的深入研究，但对新模式下的回收再售问题研究依然不足，现阶段关于在线回收问题的研究主要集中于从实证角度考察消费者参与在线回收意愿（王昶，2017；Wang et al.，2019）、在线回收模式相较于传统回收模式的差异以及回收竞争等问题（Feng et al.，2017；Li et al.，2019；Jian et al.，2019），而忽视了在线回收商对回收品的再售渠道选择问题。在线回收商是通过零售商再售从而节省自身成本投入，还是自己集中决策回收再售业务以便更好地把控市场变化呢？在线回收商再售渠道偏好并不明朗，希望本研究能够为在线回收商再售渠道选择提供理论依据，同时为零售商新产品采购决策提供理论参考。

5.2　问题描述

考虑由零售商和在线回收商构成的供应链系统。零售商从上游制造商处进购新产品进行销售，而在线回收商负责从消费者市场回收废旧产品。对于回收品，在线回收商一方面以二手产品形式进行再售，另一方面将无法再售的产品以一定的转移价格交付给废旧产品处理企业。此时，对于回收品的再售业务，不同在线回收商有自己的实现方式：①通过自身回收平台进行再售（称为自营模式，如图 5.1 所示），如易机网、回收宝、gazelle、love2recycle 等；②通过零售商进行再售（称为代理模式，如图 5.2 所示），例如爱回收、Usell、eRecyclingCorps 等在线回收商将回收品通过京东或亚马逊等零售商进行再售。对于在线回收商而言，该通过何种渠道再售回收品将成为本章研究的核心问题，本研究也将考察不同再售渠道对零售商决策、回收率以及消费者剩余的影响。

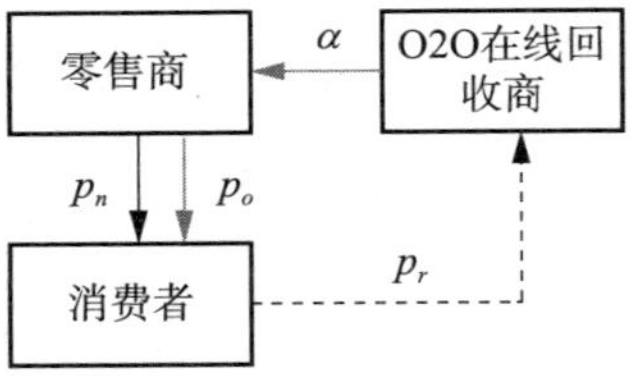

图 5.1　通过回收平台再售

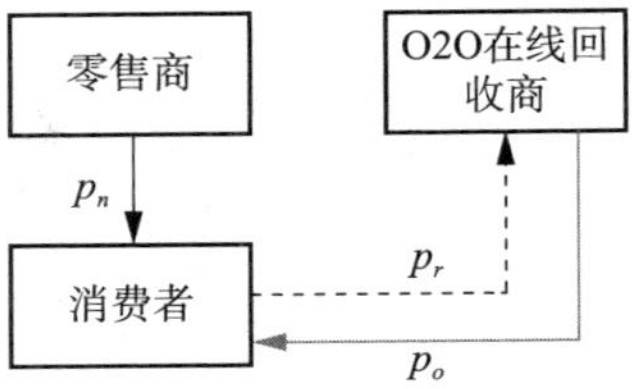

图 5.2　通过零售商再售

5.2.1　符号与变量

为了避免重复，关于变量 v、θ、F、p_o、q_o、q_r、CS 的解释说明可参考第 3 章 3.2.1 部分，本章不再给出。

C_n——零售商单位新产品的进购成本。

p_n——零售商对单位新产品制定的零售价格。

p_r——回收商支付给消费者的单位产品回收价格。

q_n——零售商新产品销售量。

$\Pi_i(i=r,\ o)$——零售商或在线回收商的利润（r 代指零售商，o 代指在线回收商）。

5.2.2　模型假设

关于是否考虑回收品质量差异性以及在线回收商回收量约束的假设可参考第 3 章假设（3）和假设（4）。

（1）假设零售商和在线回收商处于一个成熟稳定的市场中，仅考虑单周期决策问题（Xiong et al.，2013；Agrawal et al.，2015；Zou et al.，2016）。不考虑零售商销售新产品以及在线回收商销售二手产品过程中所产生的销售成本。此外，假设市场中消费者规模为 N，为了方便表述，令 $N=1$。

（2）博弈主体都为完全信息拥有者，零售商与在线回收商同时进行决策，零售商决策新产品销售量，而在线回收商决策回收量以及再售量。同时，假设博弈主体都为风险中性，以自身利润最大化为目标（Wu and Zhou，2017；Zou et al.，2016）。

（3）根据 Feng 等（2017）、Ma 和 Ren（2018）以及 Li 等（2019）的研究假设，消费者参与回收的意愿为 $v_r \in [0,\ 1]$ 且均匀分布，消费者参与回收所获得的净效用为 $U_r = p_r - v_r$。当且仅当 $U_r \geq 0$ 时，消费者将废旧产品出售给回收商，此时在线回收商的回收量为：$q_r = \int_0^{p_r} 1 \mathrm{d}v_r = p_r$。此外，本研究不考虑回收过程中所产生的其他成本。

（4）为了方便表示，以上标 $j=\{A,\ S\}$ 表示代理或自营模式，同时以上标 $K=\{p,\ n\}\times\{a,\ p,\ n\}$ 表示在线回收商回收再售策略组合，例如 pa 表示部分回收全部再售，pp 表示部分回收部分再售，而 pn 表示部分回收无再售。

（5）模型计算分析中将首先假设 $q_r = q_o$ 表示在线回收商的回收品可以全部再售；其次在拓展分析中放开该假设条件，考虑在线回收商可以将回收品以一定转移价格出售给废旧产品处理企业的情形。

5.2.3　需求推导

零售商新产品与在线回收商二手产品价格需求关系为

$$p_n = 1 - q_n - \theta q_o;\quad p_o = \theta(1 - q_n - q_o) \tag{5.1}$$

其推导过程可参考第 3 章 3.4 部分效用需求推导过程，为了避免重复以及增强论文的可读性，本章不再赘述。

5.3　自营模式

当在线回收商通过自己的网络平台销售回收品时，在线回收商利润主要为二手产品销售收入减去回收成本以及搭建再售业务所投入的固定成本，而零售商利润主要由新产品销售收入构成。此时，零售商与在线回收商优化问题如式(5.2)所示

$$\begin{cases}\max\limits_{q_n}\Pi_r^S=(p_n-C_n)q_n\\ \max\limits_{q_r}\Pi_o^S=p_oq_r-p_rq_r-F\\ \text{s. t. } q_n>q_r\geqslant 0\end{cases}\tag{5.2}$$

通过静态博弈方法对式(5.2)的优化问题进行求解。由式(5.2)中零售商和在线回收商利润函数可得其广义拉格朗日函数为

$$\begin{cases}L_r^S(q_n,\ \lambda_r,\ u_r)=(p_n-C_n)q_n+\lambda_r(q_n-q_r)+u_rq_n\\ L_o^S(q_r,\ \lambda,\ u)=p_oq_r-p_rq_r-F+\lambda(q_n-q_r)+uq_r\end{cases}\tag{5.3}$$

其中，$\lambda_r\geqslant 0$，$u_r\geqslant 0$，$\lambda\geqslant 0$，$u\geqslant 0$ 为拉格朗日乘子，根据式(5.3)对广义拉格朗日函数求一阶导数可得

$$\begin{cases}\mathrm{d}L_r^S/\mathrm{d}q_n=1-\theta q_r-C_n-2q_n+\lambda_r+u_r\\ \mathrm{d}L_o^S/\mathrm{d}q_r=\theta(1-q_n-2q_r)-2q_r-\lambda+u\end{cases}\tag{5.4}$$

因为 $\mathrm{d}^2L_r^S/\mathrm{d}q_n^2=-2$，$\mathrm{d}^2L_o^S/\mathrm{d}q_r^2=-2(1+\theta)$，所以零售商利润是关于 q_n 的凹函数，同时在线回收商利润是关于 q_r 的凹函数。优化问题式(5.2)存在最优解的充分必要条件为 $\mathrm{d}L_r^S/\mathrm{d}q_n=0$，$\mathrm{d}L_o^S/\mathrm{d}q_r=0$，同时满足 $\lambda_r(q_n-q_r)=0$，$u_rq_m=0$，$\lambda(q_n-q_r)=0$，$uq_r=0$ 且 $\lambda_r\geqslant 0$，$u_r\geqslant 0$，$\lambda\geqslant 0$，$u\geqslant 0$。

5.3.1 部分回收

若 $q_n>q_r>0$，则 $\lambda_r=0$，$u_r=0$，$\lambda=0$，$u=0$，将其代入式(5.4)求解可得

$$q_n^{Spa*}=\frac{2(\theta+1)(1-C_n)-\theta^2}{4(1+\theta)-\theta^2};\quad q_r^{Spa*}=\frac{\theta(C_n+1)}{4(1+\theta)-\theta^2}\tag{5.5}$$

若要满足约束条件 $q_n > q_r > 0$，则需 $0 < C_n < \frac{2+\theta-\theta^2}{3\theta+2}$。此时，零售商和在线回收商最优利润为

$$\Pi_r^{Spa*} = \frac{[2(\theta+1)(1-C_n)-\theta^2]^2}{[4(1+\theta)-\theta^2]^2};\quad \Pi_o^{Spa*} = \frac{(1+\theta)\theta^2(C_n+1)^2}{[4(1+\theta)-\theta^2]^2} - F \qquad (5.6)$$

5.3.2 无回收

若 $q_n > q_r = 0$，则 $\lambda_r = 0$，$u_r = 0$，$\lambda = 0$，$q_r = 0$，将其代入式(5.4)求解可得

$$q_n^{Sna*} = \frac{1-C_n}{2};\quad u = \frac{-\theta(C_n+1)}{2} < 0 \qquad (5.7)$$

无法满足约束条件 $u \geqslant 0$，故该情形不成立；若 $q_r = q_o = 0$，则无解，故零售商不销售新产品，在线回收商不进行回收再售的情形也不成立。

推论 5.1：自营再售业务时零售商和在线回收商最优利润分析：

(1)零售商：零售商利润随 C_n 或 θ 的增大而减小。

(2)回收商：在线回收商利润随 C_n 或 θ 的增大而增大。

推论 5.1 证明：根据式(5.6)部分回收时零售商最优利润可得

$$\begin{cases} \dfrac{d\Pi_r^{Spa*}}{dC_n} = \dfrac{4(1+\theta)[2(\theta+1)(C_n-1)+\theta^2]}{[4(1+\theta)-\theta^2]^2} \\ \dfrac{d\Pi_r^{Spa*}}{d\theta} = \dfrac{4\theta(\theta+2)(1+C_n)[2(1+\theta)(C_n-1)+\theta^2]}{[4(1+\theta)-\theta^2]^3} \end{cases} \qquad (5.8)$$

根据在线回收商最优利润可得

$$\frac{d\Pi_o^{Saa*}}{dC_n} = \frac{2\theta^2(1+\theta)(C_n+1)}{[4(1+\theta)-\theta^2]^2};\quad \frac{d\Pi_o^{Saa*}}{d\theta} = \frac{\theta(\theta+2)^3(1+C_n)^2}{[4(\theta+1)-\theta^2]^3} \qquad (5.9)$$

在约束条件 $0 < C_n < \frac{2+\theta-\theta^2}{3\theta+2}$ 的限制下，$\frac{d\Pi_r^{Spa*}}{dC_n} < 0$，$\frac{d\Pi_r^{Spa*}}{d\theta} < 0$，$\frac{d\Pi_o^{Saa*}}{dC_n} > 0$，$\frac{d\Pi_o^{Saa*}}{d\theta} > 0$。

从推论 5.1 中发现，新产品进购成本的增大将导致零售商新产品零售价格提升，销售量降低，引起利润受损。对于在线回收商而言，随着零售商新产品进购成本的增大，零售商市场竞争力下降，此时在线回收商增大回收再售量，从而提升自身利润，该结论与第 4 章政府收取单位产品回收处理基金对利润的影响类似。同时，随着消费者对二手产品接受程度的提升，在线回收商销售量增大，却降低了零售商新产品的销售量，故在线回收商利润与之正相关，而零售商利润与之负相关。综上所述，对于在线回收商而言，应通过二手产品质保和售后服务等手段提升消费者对二手产品的接受程度，从而提升自身利润。目前二手产品交易量十分有限，提升二手产品销售收入也是在线回收商的重要营收渠道。回收宝创始人何帆认为现阶段二手手机销售应该以用户体验更好的线下渠道为主，逐步向具有极强爆发力的线上市场拓展。对于零售商而言，零售商应极力维持好与上游供应商的关系，获取较低的新产品进购成本，从而应对在线回收商的市场竞争。Jin 等（2017）和 Guo 等（2020）在其研究中也同样发现，制造商或零售商可能与其上游企业通过“串谋”方式，制定较低批发价格来抵制任何形式的再制造或二手产品销售活动。

通过以上研究发现，自营模式下在线回收商部分回收再售策略需在一定的约束下成立，而约束条件上限是关于消费者对二手产品接受程度的减函数，表明消费者对二手产品接受程度越高，在线回收商部分回收再售的策略空间越小，这是因为旺盛的二手产品市场需求刺激在线回收商增大回收量趋向于全部回收策略。虽然在理论研究中可以讨论全部回收的情形，但由于全部回收不符合回收行业现状，故本研究不对全部回收进行赘述。

5.4　代理模式

当在线回收商通过零售商销售回收品时，在线回收商利润主要为二手产品销售收入减去回收成本以及代理佣金，而零售商利润主要由新产品销售收益和平台代理佣金收入构成。基于此，零售商与在线回收商优化问题如式(5.10)所示

$$\begin{cases}\max\limits_{q_n}\Pi_r^A=(p_n-C_n)q_n+\alpha p_o q_r\\ \max\limits_{q_r}\Pi_o^A=(1-\alpha)p_o q_r-p_r q_r\\ \text{s. t. } q_n>q_r\geqslant 0\end{cases}\tag{5.10}$$

其中，$\alpha\in(0,1)$表示零售商对在线回收商提供代理服务时的佣金比例(许垒和李勇建，2013；Tan et al.，2016；Lin et al.，2018)。通过静态博弈方法对式(5.10)的优化问题进行求解。由式(5.10)中零售商和在线回收商利润函数可得其广义拉格朗日函数为

$$\begin{cases}L_r^A(q_n,\lambda_r,u_r)=(p_n-C_n)q_n+\alpha p_o q_r+\lambda_r(q_n-q_r)+u_r q_n\\ L_o^A(q_r,\lambda,u)=(1-\alpha)p_o q_r-p_r q_r+\lambda(q_n-q_r)+u q_r\end{cases}\tag{5.11}$$

其中，$\lambda_r\geqslant 0$，$u_r\geqslant 0$，$\lambda\geqslant 0$，$u\geqslant 0$为拉格朗日乘子，根据式(5.11)对广义拉格朗日函数求一阶导数可得

$$\begin{cases}\mathrm{d}L_r^A/\mathrm{d}q_n=1-\theta q_r(\alpha+1)-C_n-2q_n+\lambda_r+u_r\\ \mathrm{d}L_o^A/\mathrm{d}q_r=\theta(1-\alpha)(1-q_n-2q_r)-2q_r-\lambda+u\end{cases}\tag{5.12}$$

因为$\mathrm{d}^2L_r^A/\mathrm{d}q_n^2=-2<0$，$\mathrm{d}^2L_o^A/\mathrm{d}q_r^2=-2[1+\theta(1-\alpha)]<0$，所以零售商利润是关于$q_n$的凹函数，同时在线回收商利润是关于$q_r$的凹函数。优化问题式(5.10)存在最优解的充分必要条件为$\mathrm{d}L_r^A/\mathrm{d}q_n=0$，$\mathrm{d}L_o^A/\mathrm{d}q_r=0$，同时满足$\lambda_r(q_n-q_r)=0$，$uq_n=0$，$\lambda(q_n-q_r)=0$，$uq_r=0$且$\lambda_r\geqslant 0$，$u_r\geqslant 0$，$\lambda\geqslant 0$，$u\geqslant 0$。

5.4.1 部分回收

若 $q_n>q_r>0$，则 $\lambda_r=0$，$u_r=0$，$\lambda=0$，$u=0$，将其代入式(5.12)求解可得

$$\begin{cases} q_n^{Apa*}=\dfrac{\theta^2(\alpha^2-1)+2[\theta(1-\alpha)+1](1-C_n)}{4[(1-\alpha)\theta+1]+\theta^2(\alpha^2-1)} \\ q_r^{Apa*}=\dfrac{\theta(1-\alpha)(1+C_n)}{4[(1-\alpha)\theta+1]+\theta^2(\alpha^2-1)} \end{cases} \tag{5.13}$$

若要满足约束条件 $q_n>q_r>0$，则 $0<C_n<\dfrac{2+\theta(1-\alpha)[1-\theta(1+\alpha)]}{2+3\theta(1-\alpha)}$。此时，零售商和在线回收商最优利润为

$$\begin{cases} \Pi_r^{Apa*}=\dfrac{\alpha\theta^2[2+\theta(1-\alpha)](1-\alpha)(1+C_n)^2+\xi_{51}}{\{4[(1-\alpha)\theta+1]+\theta^2(\alpha^2-1)\}^2} \\ \Pi_o^{Apa*}=\dfrac{[1+\theta(1-\alpha)](1-\alpha)^2\theta^2(1+C_n)^2}{\{4[(1-\alpha)\theta+1]+\theta^2(\alpha^2-1)\}^2} \end{cases} \tag{5.14}$$

其中，$\xi_{51}=\{[\theta(1-\alpha)(\alpha\theta-2)-2]C_n+\theta(1-\alpha)(2-\theta)+2\}\{[2\theta(\alpha-1)-2]C_n+\alpha(1-\alpha)[2-\theta(1+\alpha)]+2\}$。

5.4.2 无回收

若 $q_n>q_r=0$，则 $\lambda_r=0$，$u_r=0$，$\lambda=0$，$q_r=0$，将其代入式(5.12)求解可得

$$q_n^{Ana*}=\frac{1-C_n}{2};\quad u=\frac{\theta(\alpha-1)(1+C_n)}{2}<0 \tag{5.15}$$

无法满足约束条件 $u\geqslant0$，该情形不成立。若 $q_r=q_o=0$，则无解，零售商不销售新产品，在线回收商不进行回收再售的情形也不成立。

推论 5.2：通过零售商再售时零售商和在线回收商最优利润分析：

(1)零售商：零售商利润随 C_n 的增大而减小。若 $f_1^A(\alpha)>0$ 或 $f_1^A(\alpha)\leqslant0$ 且 $\dfrac{2+\theta(1-\alpha)[1-\theta(1+\alpha)]}{2+3\theta(1-\alpha)}\leqslant C_n<C_{n1}^A$，则零售商利润随 θ 的增大而减小；若

$f_1^A(\alpha)\leqslant 0$ 且 $C_{n1}^A\leqslant C_n<1$，则随 θ 的增大而增大。

(2)回收商：在线回收商利润随 C_n 或 θ 的增大而增大。

其中，$f_1^A(\alpha)=(1-\alpha)^2\theta^2[\alpha(\alpha+1)\theta+4(1-\alpha)]+4(3\alpha-2)(\alpha-1)\theta-16\alpha$，$C_{n1}^A=\dfrac{[4\alpha\theta^2(5-\alpha)+12\theta(\alpha-2)](1-\alpha)-[16-(\alpha^2-1)(\alpha-4)]\theta^3}{(1-\alpha)^2\theta^2[4(\alpha+2)-\alpha(1+\alpha)\theta]+12(\alpha+2)(1-\alpha)\theta+16(1+\alpha)}$。

推论 5.2 证明：根据式(5.14)部分回收时零售商最优利润可得

$$\begin{cases}\dfrac{\mathrm{d}\Pi_r^{Apa*}}{\mathrm{d}C_n}=\dfrac{[8+2\theta^2(1-\alpha)^2(4-\alpha\theta)+16\theta(1-\alpha)]C_n+\xi_{52}}{[4(1+\theta-\alpha\theta)-\theta^2(1-\alpha^2)]^2}\\ \dfrac{\mathrm{d}\Pi_r^{Apa*}}{\mathrm{d}\theta}=\dfrac{\theta(1-\alpha)(1+C_n)(\xi_{53}C_n-\xi_{54})}{[4(1+\theta-\alpha\theta)+\theta^2(\alpha^2-1)]^3}\end{cases}\tag{5.16}$$

其中，ξ_{52}、ξ_{53}、ξ_{54}分别为

$$\begin{cases}\xi_{52}=(1-\alpha)^2\theta^3[2(2+3\alpha)-\alpha(\alpha+1)\theta]+4\theta(\alpha-1)[4-(4\alpha-1)\theta]-8\\ \xi_{53}=(1-\alpha)^2\theta^2[4(\alpha+2)-\alpha(1+\alpha)\theta]+12(\alpha+2)(1-\alpha)\theta+16(1+\alpha)\\ \xi_{54}=[4\alpha\theta^2(5-\alpha)+12\theta(\alpha-2)](1-\alpha)-[16-(\alpha^2-1)(\alpha-4)]\theta^3\end{cases}\tag{5.17}$$

由于 $0<C_n<\dfrac{2+\theta(1-\alpha)[1-\theta(1+\alpha)]}{2+3\theta(1-\alpha)}$，故 $\dfrac{\mathrm{d}\Pi_r^{Apa*}}{\mathrm{d}C_n}<0$。当 $f_1^A(\alpha)<0$ 时，若 $\dfrac{2+\theta(1-\alpha)[1-\theta(1+\alpha)]}{2+3\theta(1-\alpha)}\leqslant C_n<C_{n1}^A$，则 $\dfrac{\mathrm{d}\Pi_r^{Apa*}}{\mathrm{d}\theta}<0$，若 $C_{n1}^A\leqslant C_n<1$，则 $\dfrac{\mathrm{d}\Pi_r^{Apa*}}{\mathrm{d}\theta}\geqslant 0$。当 $f_1^A(\alpha)>0$ 时，$\dfrac{\mathrm{d}\Pi_r^{Apa*}}{\mathrm{d}\theta}<0$。根据部分回收时在线回收商最优利润可得

$$\begin{cases}\dfrac{\mathrm{d}\Pi_o^{Apa*}}{\mathrm{d}C_n}=\dfrac{2\theta^2(1-\alpha)^2(1+C_n)(1+\theta-\alpha\theta)}{[4(1+\theta-\alpha\theta)+\theta^2(\alpha^2-1)]^2}>0\\ \dfrac{\mathrm{d}\Pi_o^{Apa*}}{\mathrm{d}\theta}=\dfrac{\theta(1-\alpha)^2(1+C_n)^2(2+\theta-\alpha\theta)[4(\theta+1-\alpha\theta)+\theta^2(1-\alpha^2)]}{[4(1+\theta-\alpha\theta)+\theta^2(\alpha^2-1)]^3}>0\end{cases}\tag{5.18}$$

证毕。

从推论 5.2 中发现，零售商依然由于新产品进购成本的增大自身利润受损，而此时在线回收商由于二手产品销售量的提升利润增大。消费者对二手产品接受程度的提升能够有效增大在线回收商销售量，从而提升在线回收商利润。以上结论与自营模式下的推论 5.1 保持一致。但对于零售商而言，受代理模式下代理佣金的影响，消费者对二手产品接受程度的提升在一定条件下也将导致零售商利润增大。综上所述，对于在线回收商而言，一方面要通过营销和服务提升消费者对二手产品的接受程度，另一方面要加强自身谈判能力从而获得较低的代理佣金比例。对于零售商而言，一方面应该控制新产品进购成本来应对回收商市场竞争，另一方面要设置合理的代理佣金从而让佣金收入弥补新产品销售损失。

通过以上研究发现，代理模式下在线回收商部分回收再售策略需在一定的约束下成立，而约束条件上限是关于消费者对二手产品接受程度的减函数，是关于代理佣金比例的增函数，表明较高的代理佣金以及较低二手产品接受程度都将降低在线回收商参与回收再售的热情，这是因为较高的代理佣金意味着在线回收商需要和零售商分享较多的二手产品销售收入，而较低的二手产品接受程度说明二手市场萎靡，在线回收商通过销售二手产品获得的收益十分有限。

5.5 对比分析

根据 5.3 部分和 5.4 部分对自营模型以及代理模型的计算结果，接下来将通过比较分析方式考察在线回收的再售策略选择以及零售商的再售渠道偏好，同时分析两种再售模式下回收率和消费者剩余的变化情况。为了保证两种再售模式的可比性，该部分仅取两种再售模式约束条件的交集，即 $0<C_n<\dfrac{2+\theta-\theta^2}{3\theta+2}$。

命题 5.1：两种再售模式下在线回收商最优利润比较分析：若 $0<F<\Re$，则 $\Pi_o^{Spa*}>\Pi_o^{Apa*}$；若 $\Re\leqslant F$，则 $\Pi_o^{Spa*}\leqslant\Pi_o^{Apa*}$。其中 $\Re=\dfrac{\alpha\theta^2(1+C_n)^2\xi_{55}}{\{4[1+\theta(1-\alpha)]+\theta^2(\alpha^2-1)\}^2[4(1+\theta)-\theta^2]^2}$ 且 $\xi_{55}=[(\alpha+3)\theta+(\alpha-14)]^2\theta^4+16(\alpha-1)\theta^2[\theta+(2\alpha-3)]+16(2-\alpha)+16(\alpha^2-5\alpha+5)\theta$。

命题 5.1 证明：当 $0<C_n<\dfrac{2+\theta-\theta^2}{3\theta+2}$ 时，两种再售模式下在线回收商都选择部分回收再售策略。$\Pi_o^{Apa*}-\Pi_o^{Spa*}=F-\Re$，其中 $\Re=\dfrac{\alpha\theta^2(1+C_n)^2\xi_{55}}{\{4[1+\theta(1-\alpha)]+\theta^2(\alpha^2-1)\}^2[4(1+\theta)-\theta^2]^2}$ 且 $\xi_{55}=[(\alpha+3)\theta+(\alpha-14)]^2\theta^4+16(\alpha-1)\theta^2[\theta+(2\alpha-3)]+16(2-\alpha)+16(\alpha^2-5\alpha+5)\theta$。若 $0<F<\Re$，则 $\Pi_o^{Apa*}-\Pi_o^{Spa*}<0$；若 $\Re\leqslant F$，则 $\Pi_o^{Apa*}-\Pi_o^{Spa*}\geqslant 0$。

命题 5.1 给出了在线回收商的再售渠道选择策略。从整体来看，若自营再售业务所投入的固定成本较低，则在线回收商愿意自营再售业务；若自营再售业务所投入的固定成本较高，则通过零售商代理模式再售（见图 5.3）。在线回收商做出渠道选择的主要动机为权衡自营模式固定成本与代理模式代理佣金的大小。通过对在线回收商不同再售渠道策略变化的临界值分析，发现 $\Re$ 随着新产品进购成本的增大而增大，表明随着新产品进购成本的增大，在线回收商选择自营模式的意愿逐渐增强。原因在于自营模式下在线回收商拥有较高的回收再售量。此外，随着网络零售商佣金比例的提升，在线回收商更倾向于选择自营模式，如图 5.3 所示。该结论与 Bernstein 等（2008）的研究发现保持一致，认为佣金比例是影响第三方零售商是否进入零售商卖场的重要因素。虽然也有传统观点认为代理佣金可以降低供应链上下游企业间的双重边际效应，从而使双方获益（Mantin et al.，2014），但对于竞争性企业而言，代理模式的佣金比例只是利润转移的手段，并不会缓和企业之间的竞争关系。命题 5.1 表面反映出在线回收商自营还是代理再售业务直接受自营模式下固定成本大小的影响，其实在现实环境中即使自营模式所投入的固定成本较低，在线回收商也未必选择自营模式，因为零售商可能与上游供应商通过较低的批发价格抵制在线回收商的自营行为，逼迫其选择代理模式。

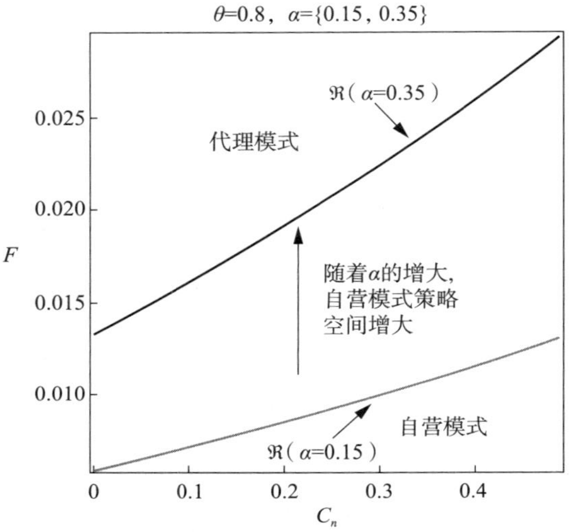

图 5.3　在线回收再售渠道策略示意图

命题 5.2：两种模式下零售商利润、回收率以及消费者剩余比较分析：

(1)零售商：代理模式下零售商利润优于自营模式下零售商利润，即 $\Pi_r^{AK}>\Pi_r^{SK}$。

(2)回收率：自营模式下回收率优于代理模式下回收率，即 $\frac{q_r^{SK}}{q_n^{SK}}>\frac{q_r^{AK}}{q_n^{AK}}$。

(3)消费者剩余：自营模式下消费者剩余优于代理模式下消费者剩余，即 $CS^{SK}>CS^{AK}$。

零售商利润和回收率可通过 5.3 部分和 5.4 部分最优解得到，在此给出消费者剩余的推导过程。通过消费者购买零售商产品和在线回收商再售产品所获得净效用，可得消费者剩余为

$$CS=\int_{\frac{p_o}{\theta}}^{\frac{p_n-p_o}{1-\theta}}(\theta v-p_o)\mathrm{d}v+\int_{\frac{p_n-p_o}{1-\theta}}^{1}(v-p_n)\mathrm{d}v \tag{5.19}$$

首先，根据代理模式下部分回收时最优解可得

$$CS^{Apa*}=\frac{[4-3(1-\alpha)^2\theta^3+4\theta(2-\alpha\theta)(1-\alpha)]C_n^2+\xi_{56}C_n+\xi_{57}}{2[4(1+\theta)+\alpha^2\theta^2-4\alpha\theta-\theta^2]^2} \tag{5.20}$$

其中，

$$\begin{cases}\xi_{56}=2(2\alpha^3-\alpha^2-4\alpha+3)\theta^3+4(4\alpha-3\alpha^2-1)\theta^2+16(\alpha-1)\theta-8-2(1+\alpha)(1-\alpha)^2\theta^4\\ \xi_{57}=4+(1+\alpha)(\alpha-1)^3\theta^4+\theta^3(9\alpha^2+1-4\alpha^3-6\alpha)+4(2\alpha^2-3\alpha+1)\theta^2+8\theta(1-\alpha)\end{cases} \tag{5.21}$$

其次，自营模式下部分回收时消费者剩余为

$$CS^{Apa*}=\frac{(4+8\theta-3\theta^3)C_n^2+[2\theta(3\theta^2-\theta^3-2\theta-8)-8]C_n+\xi_{58}}{2[4(1+\theta)-\theta^2]^2} \tag{5.22}$$

其中，$\xi_{58}=4(\theta+1)^2-\theta^4+\theta^3$。

命题5.2的证明过程可参考命题5.1，不再赘述。从命题5.2中发现对于零售商而言，不希望在线回收商自营再售业务，一方面代理模式下零售商可以通过相对较高的零售价格提升自身收益，另一方面代理模式下零售商可以从在线回收商处获取利润。相对于自营模式而言，代理模式下零售商所收取的代理佣金增加了在线回收商再售成本，从而导致在线回收商在代理模式下制定较高的再售价格，回收再售量下降。故自营模式下相对较高的回收再售量导致回收率较优。同时，自营模式下较高的回收再售量导致市场竞争激烈，在线回收商再售价格以及零售商零售价格都较低，故此时消费者剩余较优。

根据命题5.1以及命题5.2，从供应链稳定性、环境以及消费者三个角度分析发现，无法同时实现三者的协调。虽然当自营再售业务所投入的固定成本较高时，零售商和在线回收商就代理模式达成一致，保证了供应

链的稳定性，但是无法更好地实现回收率以及消费者剩余的提升。回收率是衡量逆向物流效率的重要指标，较高的回收率有利于资源的循环利用，实现可持续发展，而消费者是企业战略的试金石，只有消费者乐于接受的企业战略才能够长远发展。该冲突的存在说明需要政府制定相应的政策法规从而实现多方面协调，本书也将在第 6 章试探性地讨论政府家电补贴政策对供应链、环境以及消费者的影响。

5.6 拓展分析

在拓展分析中考虑在线回收商不完全再售的情形，即 $q_r \geqslant q_o$。假设在线回收商一方面可以将回收品以二手产品形式再售，另一方面可以通过一定的转移价格(b)将回收品出售给废旧产品处理企业。此时，自营模式下在线回收商和零售商的优化问题为

$$\begin{cases}\max\limits_{q_n} \Pi_r^S = (p_n - C_n) q_n \\ \max\limits_{q_r, q_o} \Pi_o^S = p_o q_o + b(q_r - q_o) - p_r q_r - F \\ \text{s.t. } q_n \geqslant q_r \geqslant q_o \geqslant 0\end{cases} \tag{5.23}$$

而代理模式下在线回收商和零售商优化问题为

$$\begin{cases}\max\limits_{q_n} \Pi_r^A = (p_n - C_n) q_n + \alpha p_o q_o \\ \max\limits_{q_r, q_o} \Pi_o^A = (1-\alpha) p_o q_o + b(q_r - q_o) - p_r q_r \\ \text{s.t. } q_n > q_r \geqslant q_o \geqslant 0\end{cases} \tag{5.24}$$

可参考 5.3 部分和 5.4 部分的求解过程，通过非线性规划理论对以上优化问题进行求解。两种再售模式下在线回收商回收再售策略如命题 5.3 所示。为方便表述令 $C_n^{A1} = \dfrac{2b-\theta+\alpha\theta}{\theta(1-\alpha)}$；$C_n^{S1} = \dfrac{2b-\theta}{\theta}$；$C_n^{A2} =$

$\frac{b\theta^2(\alpha^2-1)+4b(1+\theta-\alpha\theta)+2\theta(\alpha-1)}{2\theta(1-\alpha)}$；$C_n^{S2}=\frac{4b(\theta+1)-b\theta^2-2\theta}{2\theta}$；$C_n^{A3}=\frac{(\alpha^2-1)\theta^2+\theta(1-\alpha)+2}{2+3\theta(1-\alpha)}$；$C_n^{S3}=\frac{(\theta+2)-\theta^2}{2+3\theta}$。同时，自营模式下保证各再售策略成立，则转移价格需满足 $b<\frac{2\theta}{2+3\theta}$；代理模型下保证各再售策略成立，则转移价格需满足 $b<\frac{2\theta(1-\alpha)}{2+3\theta(1-\alpha)}$。

命题5.3：考虑不完全再售情形下在线回收商再售策略分析：当 $0<C_n\leqslant C_n^{j1}$ 时，在线回收商无再售；当 $C_n^{j1}<C_n<C_n^{j2}$ 时，在线回收商部分再售；当 $C_n^{j2}\leqslant C_n<C_n^{j3}$ 时，在线回收商全部再售。

当在线回收商可以将回收品出售给废旧产品处理企业时，拓展了在线回收商对回收品的处理方式，在线回收商的再售策略呈现多样性。在转移价格的约束内，随着零售商新产品进购成本的增大，在线回收商再售意愿逐渐增强，由无再售转变为部分再售，最后为全部再售。同时，随着转移价格的提高，两种再售模式下无再售和部分再售策略空间增大，而全部再售策略空间变小，原因在于较高的转移价格诱导在线回收商将更多回收品出售给废旧产品处理企业，减弱了在线回收商的再售意愿，该结论与第3章命题3.1类似。

5.7　算例分析

在线回收商不完全再售时由于均衡利润以及约束条件的复杂性，将以算例的形式对比分析两种再售模式。

5.7.1　不完全再售时在线回收商与零售商利润对比分析

根据不完全再售时两种再售模式下在线回收商利润，假设参数为 $\alpha=0.08$，

$\theta=0.5$，$F=0.002$，$b=\{0.26, 0.27\}$，绘制图 5.4 和图 5.5。

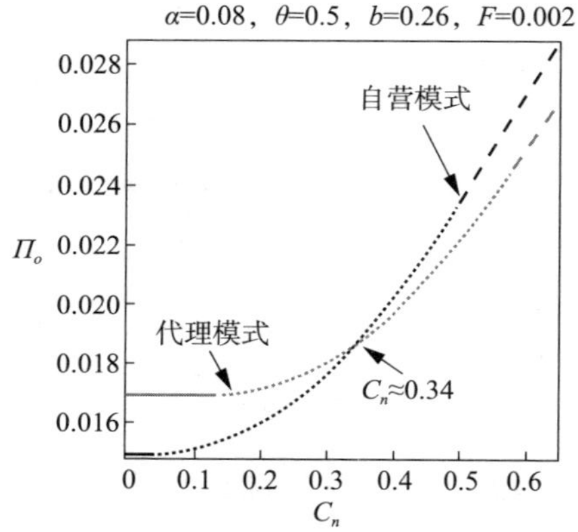

图 5.4　$b=0.26$ 时在线回收商利润比较

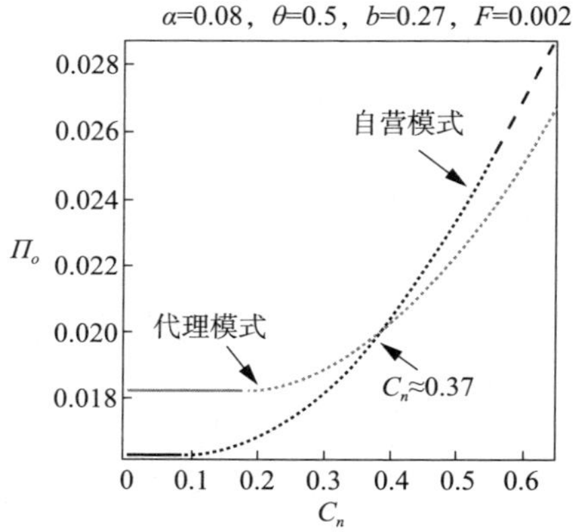

图 5.5　$b=0.27$ 时在线回收商利润比较

从图 5.4 中可以看出，不完全再售时两种再售模式下在线回收商利润依然随零售商新产品进购成本的增大而增大。当零售商新产品进购成本较大时，在线回收商有较强的再售意愿，再售量增大、利润提升。通过图 5.4和图 5.5 改变转移价格大小横向比较发现转移价格的提高，将导致代理模式优于自营模式的策略空间增大。这是因为随着转移价格的提高，更多回收品流向废旧产品处理企业，在线回收商通过自营再售业务弥补所投入固定成本的可能性减小，因此更青睐于代理模式。

通过假设 $\alpha=0.2$，$\theta=0.45$，$b=0.23$，$F=0.002$ 绘制不完全再售时两种再售模式下零售商利润，如图 5.6 所示。从图 5.6 中发现零售商利润随着新产品进购成本的增大而减小。当新产品进购成本较低时，在两种再售模式下由于在线回收商不进行再售而零售商利润无差异，但随着新产品进购成本的增大，代理模式下零售商由于可以获得代理佣金而利润优于自营模式。此外，转移价格的改变仅能影响代理模式与自营模式下零售商利润之间的差距，无法改变代理模式优于自营模式这一结论。

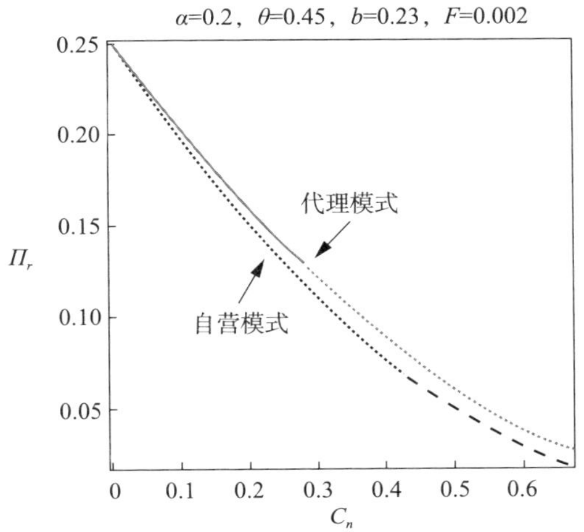

图 5.6　不完全再售时零售商再售渠道策略偏好

5.7.2　不完全再售时回收率和消费者剩余对比分析

可参考命题 5.2 中消费者剩余的求法，求解不完全再售时两种再售模式下消费者剩余。通过假设 $\alpha=0.2$，$\theta=0.45$，$b=0.23$，$F=0.002$ 比较分析两种再售模式下消费者剩余，如图 5.7 所示。

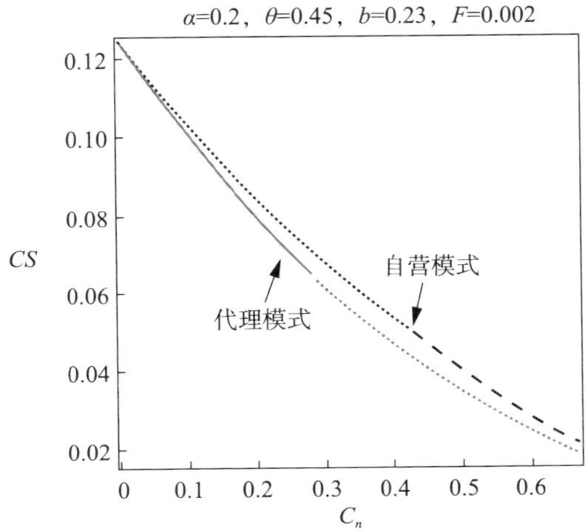

图 5.7　不完全再售时两种再售模式下消费者剩余比较分析

从图 5.7 中发现随着新产品进购成本的增大消费者剩余呈现递减趋势。当新产品进购成本较低时，在无再售策略下两种模式下消费者剩余相同。随着新产品进购成本的增大，自营模式下较低的销售价格导致消费者剩余优于代理模式。图 5.8 比较分析了两种再售模式下回收率的变化情况。从图 5.8 中可以看出回收率随着新产品进购成本的增大而增大。若零售商新产品进购成本较低，则两种再售模式下回收率无差异，但随着新产品进购成本的增大，自营模式下回收率较优，这是自营模式下回收量的提升以及新产品销售量下降共同作用的结果。

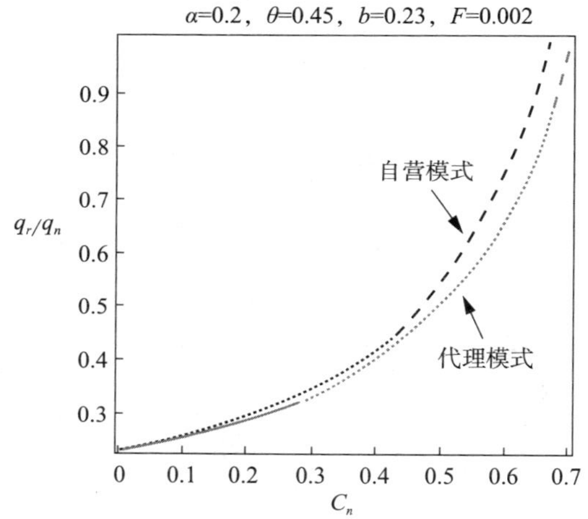

图 5.8　不完全再售时两种再售模式下回收率比较分析

综上所述，不完全再售时转移价格对在线回收商、零售商、回收率以及消费者剩余的影响可总结为：随着转移价格的提高，在线回收商自营模式下利润优于代理模式的可能性逐渐减小，因为较高的转移价格导致在线回收商再售量不断减少，而较小的再售量在自营模式下无法弥补在线回收商所投入的固定成本，所以代理模式逐渐成为在线回收商的占优策略。虽然不完全再售依然无法改变零售商利润在代理模式下较优、回收率和消费者剩余在自营模式下较优的现状，但可以增加两种再售策略无差异的空间。

5.8　本章小结

本章研究了在线回收商对回收品销售的渠道选择问题，分别建立在线回收商自营再售业务的自营模型以及在线回收商通过零售商进行再售的代理模型。通过静态博弈方法以及非线性规划理论分别求两种再售模型的均衡解，发现无论自营模式还是代理模式，零售商利润都随新产品进购成本的增大而减小，而在线回收商利润随新产品进购成本的增大而增大。自营模式下零售商利润随消费者对二手产品接受程度的提升而减小，而代理模式下由于代理佣金的影响，零售商利润在一定条件下随着消费者对二手产品接受程度的提升而增大。在线回收商利润在两种模式下都随消费者对二手产品接受程度的提升而增大。

比较分析两种再售模式发现，当自营再售业务所投入的固定成本较低时，在线回收商选择自营模式。零售商在代理模式下受代理佣金的影响利润优于自营模式，而自营模式下较高的回收量以及较低的销售价格导致回收率和消费者剩余较优。从供应链稳定性、环境以及消费者三个角度分析发现，无法同时实现三者的协调。若在线回收商控制固定成本投入，选择自营模式，虽然有利于获得较高的回收率和消费者剩余，但与零售商利润产生冲突无法实现供应链稳定。代理模式下利润较优的零售商很有可能与上游供应商联合制定较低的批发价格从而抵制在线回收商自营再售业务，迫使在线回收商选择代理模式。

最后，考虑在线回收商不完全再售的情形。此时在线回收商不仅可以将回收品进行再售也可以将回收品以一定的转移价格出售给废旧产品处理企业。随着转移价格的提高，在线回收商自营模式优于代理模式的可能性逐渐减小，因为较高的转移价格导致在线回收商再售量不断减少，而较小的再售量在自营模式下无法弥补在线回收商所投入的固定成本，所以代理模式逐渐成为在线回收商的占优策略。虽然不完全再售依然无法改变零售商利润在代理模式下较优、回收率和消费者剩余在自营模式下较优的现状，但增加了两种策略无差异的空间。

第6章

政府补贴对在线回收商再售渠道选择影响研究

在第 5 章研究的基础上，本章研究了政府补贴下在线回收商的再售渠道选择问题，主要考虑两种再售渠道，分别为在线回收商自己再售或通过零售商代理再售。建立政府补贴下两种再售渠道选择模型，并考虑零售商销售量、在线回收商回收量与再售量的约束关系，利用非线性规划理论求最优解，进而根据最优解分析在线回收商在政府补贴影响下的最优再售渠道选择以及不同再售渠道策略对零售商、回收率和消费者剩余的影响。

6.1 引言

经过几十年的发展以及上一轮家电下乡政策的支持，目前国内家电行业进入挤压式增长时代，家电消费市场疲软。创维集团总裁杨文东指出“家电市场若想实现新的增长，一方面需要政府或企业创造新的有效需求，比如技术创新或政府规定产品报废年限；另一方面，对消费者进行补贴从而增强购买力刺激市场”。[①] 面对家电销售困境，2019 年 1 月国家发展和改革委员会、工业和信息化部以及财政部等 11 个部委共同印发《进一步优化供给推动消费平稳增长形成强大国内市场的实施方案（2019 年）》，随后北京市推出家电节能补贴政策，单台家电最高给予 800 元补贴[②]。与 10 年前

① http：//www. haoliv. com/s/96053. html.

② http：//www. zhicheng. com/hgcy/n/277745. html.

家电下乡聚焦农村不同，新一轮政策以节能、智能和超高清为补贴方向，着力引导企业顺应居民消费升级大趋势并给予地方政府更大的实施权。

从供应链的角度来看，任何国家政策的实施必将牵一发而动全身。对于正向物流而言，这一补贴政策的实施将产生两方面的影响：①刺激家电制造商对产品创新升级的投入，促进产业转型升级；②刺激消费，拉动销售。但对于逆向物流而言，这一补贴政策将加剧废旧电器电子产品的堆积，使回收难度进一步增大。近年来在线回收行业逐渐兴起，一大批在线回收商应运而生，如爱回收、回收哥以及快收等，在一定程度上提升了逆向物流效率（Song et al.，2016；赵毅，2017；Wang et al.，2018）。在线回收商通过对回收品以二手产品形式再售或出售给废旧产品拆解企业的方式获得收益。该补贴政策的实施，一方面为在线回收商提供了充足的回收源，有助于回收商形成规模经济；另一方面对其再售的二手产品市场造成挤对。这一情形下，在线回收商将采取何种回收再售策略将成为本章研究的重点。

以往针对废旧电器电子产品回收行业政策的研究主要围绕在以旧换新、回收处理基金以及回收或再制造补贴等方面。在以旧换新政策方面，李春发和朱浪梅（2017）结合政府生产责任延伸（EPR）制度，研究了企业是否应该实施以旧换新策略，发现相对单一定价策略而言，以旧换新策略能够为企业带来更多利润。Ma 等（2013）在零售商（传统零售商和在线零售商）竞争环境下研究发现，政府以旧换新补贴政策能够提升制造商和传统零售商收益，但对在线零售商具有不确定性，进一步研究发现同时开通以旧换新和再制造业务对企业未必有利（Ma et al.，2017）。马卫民和赵璋（2012）研究发现以旧换新对制造商和第三方回收商总是有益，但对消费者和零售商的影响带有不确定性，进一步研究发现以旧换新补贴促使制造商单位利润增加，并加强了低端制造商决策对高端制造商的影响（马卫民和赵璋，2013）。在此基础上，田立平等(2019)研究了以旧换新政策对零售商回收决策模型的影响，发现相较于分散模式，集中模式下新产品和再制造品售价较低，消费者剩余和企业利润较优。在回收处理基金方面，由于回收处理基金对供应链影响的两面性，王玉燕和申亮(2018)在多元主导的闭环供应链研究中发现闭环供应链各成员利润与其主导权利正相关，处理基金对制造商的影响带有不确定性。刘慧慧等(2013)研究了正规回收渠道与非正规回收渠道的竞争问题，结果发现当补贴额度较低时，政府补贴可以有效刺激回收量的增长、扶持正规企业的发展，但随着补贴额度的提升，补贴对回收总量的刺激作用减弱。在此基础上，Liu 等(2016)进一步研究发现当废旧产品质量较高时，若政府补贴水平较低，则非正规渠道占据市场对正规渠道造成挤对。此外，Hong 等(2014)讨论了多个生产商和多个回收商竞争环境下如何协调对生产企业的收费以及对回收企业的补贴机制问题。在补贴政策方面，Mitra 和 Webster(2008)分别建立补贴制造商、再制造商或者同时补贴的决策模型，发现单独补贴策略仅能够使一方获益，不利于供应链协调，而补贴分享策略在一定程度上能促进再制造活动，保障双方获益。赵敬华和林杰(2017)全面深入地研究了政府补贴对象问题，分别探讨了补贴制造商、零售商、第三方以及消费者的四种补贴模式，发现政府补贴消费者或零售商提升了批发价格和零售价格，降低了回收价格和转移价格，致使渠道成员的利润较低；当政府补贴制造商和第三方回收商时结论相反。虽然政府补贴有助于提升回收率(Wang et al.，2014；史成东等，2015；张志宇等，2019)，但可能引起供应链冲突。张志宇(2019)在考虑新产品和再制造品差异的情况下，发现政府补贴将导致供应链双重边际效应加剧，而通过收益—费用共享契约能够实现帕累托改进和闭环供应链协调，史成东(2015)在其研究中也得出了类似结论。

综上所述，虽然学者对废旧电器电子产品回收行业的多种政策进行了充分研究，但对最新的家电补贴政策研究较为薄弱，一方面家电补贴政策以补贴消费者的形式实施有别于以往补贴回收商或制造商的补贴政策；另一方面本章是在该补贴政策下考察在线回收商的再售渠道策略选择问题，并将在线回收商再售渠道选择作为核心研究问题，从研究内容上不同于以往的再制造研究。希望研究所得结论能够为在线回收商回收再售决策提供理论依据。

6.2 问题描述

考虑由零售商、在线回收商以及政府构成的供应链系统。零售商销售新产品，而在线回收商负责回收以及再售回收品。对于回收品而言，在线回收商可以通过自身回收平台进行再售(称为自营模式，如图 6.1所示)，如易机网、gazelle、love2recycle 等；也可以通过零售商进行再售(称为代理模式，如图 6.2 所示)，例如爱回收、Usell、eRecyclingCorps 等。在政府补贴政策影响下，零售商新产品市场需求增加，而在线回收商二手产品市场将遭受损失，此时在线回收商自营再售业务的意愿是否将减弱，同时零售商是否愿意通过代理方式为在线回收商承担再售业务呢？政府的消费者补贴政策又会对消费者剩余和回收率产生何种影响？

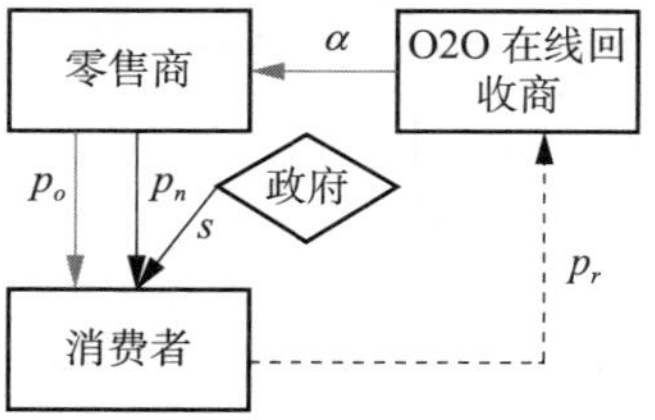

图 6.1　通过回收平台再售

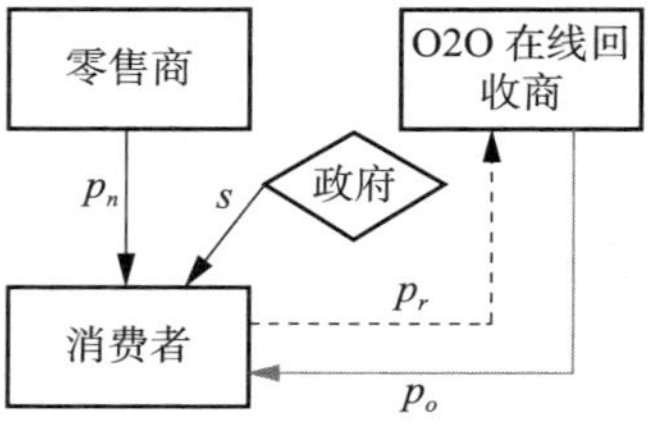

图 6.2　通过零售商再售

6.2.1　符号与变量

为了避免重复，关于变量 v、θ、C_n、F、p_n、p_r、q_n、p_o、q_o、q_r、CS、$\Pi_i(i=r, o)$的解释说明可参考第 5 章 5.2.1 部分，本章不再给出。

$s\in(0, 1)$——政府对零售商新产品的单位补贴。

6.2.2　模型假设

本章内容是在第 5 章研究内容的基础上进一步考察政府消费者补贴政策对在线回收商再售渠道选择策略的影响，因此关于零售商和在线回收商的模型假设与第 5 章中 5.2.2 部分的内容保持一致，不再赘述。

6.2.3　需求分析

当消费者购买新产品时所获得的净效用为：$U_n=v-p_n+s$。若在线回收商对回收品进行再售，则消费者购买二手产品所获得的净效用为：$U_o=\theta v-p_o$，其中 $0<\theta<1$ 表示二手产品相对于新产品的效用折扣。此假设表明由于质量、售后和信息不透明等问题，二手产品具有定价劣势。由 $U_n=0$ 可得消费者是否购买新产品的临界估值：$v_1=p_n+s$；同理，由 $U_o=0$ 可得消费者是否购买二手产品的临界估值：$v_2=p_o/\theta$。令 $U_n-U_o=0$ 可得消费者购买新产品或二手产品的临界估值：$v_3=\dfrac{p_n-p_o-s}{1-\theta}$。根据个人理性和激励相容理论可得(Xiong et al., 2013；Wu et al., 2017；Guo et al., 2020)

$$
\begin{cases} v-p_n+s>0 \\ v-p_n+s>\theta v-p_o \end{cases} \Rightarrow \begin{cases} v_n^*>p_n-s \\ v_n^*>\dfrac{p_n-p_o-s}{1-\theta} \end{cases}
$$
$$
\begin{cases} \theta v-p_o>0 \\ \theta v-p_o>v-p_n+s \end{cases} \Rightarrow \begin{cases} v_r^*>\dfrac{p_o}{\theta} \\ v_r^*<\dfrac{p_n-p_o-s}{1-\theta} \end{cases} \tag{6.1}
$$

此时，新产品与二手产品需求函数分别为

$$q_n=1-\frac{p_n-p_o-s}{1-\theta};\ q_o=\frac{p_n-p_o-s}{1-\theta}-\frac{p_o}{\theta} \tag{6.2}$$

由式(6.2)可得其逆需求函数为：$p_n=1+s-q_n-\theta q_o$；$p_o=\theta(1-q_n-q_o)$。接下来的模型计算分析过程中令 $q_r=q_o$，并在拓展分析中放开该假设考察不完全再售情形下在线回收商再售渠道策略变化。

6.3 考虑政府补贴的自营模式

当在线回收商通过自己的网络平台销售回收品时，在线回收商利润主要为二手产品销售收入减去固定成本以及回收成本，而零售商利润主要由新产品销售收入构成。此时，零售商与在线回收商优化问题如式(6.3)所示

$$\begin{cases}\max\limits_{q_n}\Pi_r^S=(p_n-C_n)q_n\\ \max\limits_{q_r}\Pi_o^S=p_oq_r-p_rq_r-F\\ \text{s. t. } q_n\geqslant q_r\geqslant 0\end{cases} \tag{6.3}$$

通过静态博弈方法对式(6.3)的优化问题进行求解。由式(6.3)中零售商和在线回收商利润函数可得其广义拉格朗日函数为

$$\begin{cases}L_r^S(q_n,\ \lambda_r,\ u_r)=(p_n-C_n)q_n+\lambda_r(q_n-q_r)+u_rq_n\\ L_o^S(p_r,\ \lambda,\ u)=p_oq_r-p_rq_r-F+\lambda(q_n-q_r)+uq_r\end{cases} \tag{6.4}$$

其中，$\lambda_r\geqslant 0$，$u_r\geqslant 0$，$\lambda\geqslant 0$，$u\geqslant 0$ 为拉格朗日乘子，根据式(6.4)对广义拉格朗日函数求一阶导数可得

$$\begin{cases}\mathrm{d}L_r^S/\mathrm{d}q_n=1+s-\theta q_r-C_n-2q_n+\lambda_r+u_r\\ \mathrm{d}L_o^S/\mathrm{d}q_r=\theta(1-q_n-2q_r)-2q_r-\lambda+u\end{cases} \tag{6.5}$$

因为 $d^2L_r^S/dq_n^2=-2$，$d^2L_o^S/dq_r^2=-2(1+\theta)$，所以零售商利润是关于 q_n 的凹函数，同时在线回收商利润是关于 q_r 的凹函数。优化问题式(6.3)存在最优解的充分必要条件为 $dL_r^S/dq_n=0$，$dL_o^S/dq_r=0$，同时满足 $\lambda_r(q_n-q_r)=0$，$u_rq_n=0$，$\lambda(q_n-q_r)=0$，$uq_r=0$ 且 $\lambda_r\geqslant 0$，$u_r\geqslant 0$，$\lambda\geqslant 0$，$u\geqslant 0$。

6.3.1　部分回收

若 $q_n>q_r>0$，则 $\lambda_r=0$，$u_r=0$，$\lambda=0$，$u=0$，将其代入式(6.5)求解可得

$$q_n^{Spa*}=\frac{2(\theta+1)(1+s-C_n)-\theta^2}{4(1+\theta)-\theta^2};\quad q_r^{Spa*}=\frac{\theta(C_n+1-s)}{4(1+\theta)-\theta^2}\tag{6.6}$$

若要满足约束条件 $q_n>q_r>0$，则 $\max\left\{0,\ C_n-\frac{(2+\theta)-\theta^2}{2+3\theta}\right\}<s<1$。此时，零售商和在线回收商最优利润为

$$\begin{cases}\Pi_r^{Spa*}=\dfrac{[2(\theta+1)(1+s-C_n)-\theta^2]^2}{[4(1+\theta)-\theta^2]^2}\\\Pi_o^{Spa*}=\dfrac{\theta^2(1+\theta)(1+C_n-s)^2}{[4(1+\theta)-\theta^2]^2}-F\end{cases}\tag{6.7}$$

6.3.2　无回收

若 $q_n>q_r=0$，则 $\lambda_r=0$，$u_r=0$，$\lambda=0$，$q_r=0$，将其代入式(6.5)求解可得

$$q_n^{Sna*}=\frac{1+s-C_n}{2};\quad u=\frac{\theta(s-C_n-1)}{2}<0\tag{6.8}$$

无法满足约束条件 $u\geqslant 0$，故该情形不成立；若 $q_r=q_o=0$，则无解，故零售商不销售新产品，在线回收商不进行回收再售的情形也不成立。

推论6.1：自营再售业务时零售商和在线回收商最优利润分析：

(1)零售商：零售商利润随 s 的增大而增大，随 θ 的增大而减小。

(2) 回收商：在线回收商利润随 s 的增大而减小，随 θ 的增大而增大。

推论 6.1 证明：根据式(6.7)部分回收时零售商最优利润可得

$$\begin{cases}\dfrac{\mathrm{d}\Pi_r^{Spa*}}{\mathrm{d}s}=\dfrac{4(\theta+1)[2(\theta+1)(1+s-C_n)-\theta^2]}{[4(1+\theta)-\theta^2]^2}\\ \dfrac{\mathrm{d}\Pi_r^{Spa*}}{\mathrm{d}\theta}=\dfrac{4\theta(\theta+2)(1+C_n-s)[\theta^2-2(\theta+1)(1+s-C_n)]}{[4(1+\theta)-\theta^2]^3}\end{cases} \tag{6.9}$$

根据部分回收时在线回收商最优利润可得

$$\begin{cases}\dfrac{\mathrm{d}\Pi_o^{Spa*}}{\mathrm{d}s}=\dfrac{2\theta^2(1+\theta)(s-1-C_n)}{[4(1+\theta)-\theta^2]^2}\\ \dfrac{\mathrm{d}\Pi_o^{Spa*}}{\mathrm{d}\theta}=\dfrac{\theta(\theta+2)^3(1+C_n-s)^2}{[4(1+\theta)-\theta^2]^3}\end{cases} \tag{6.10}$$

在约束条件 $\max\left\{0,\ C_n-\dfrac{(2+\theta)-\theta^2}{2+3\theta}\right\}<s<1$ 下，$\dfrac{\mathrm{d}\Pi_r^{Spa*}}{\mathrm{d}s}>0$，$\dfrac{\mathrm{d}\Pi_r^{Spa*}}{\mathrm{d}\theta}<0$，$\dfrac{\mathrm{d}\Pi_o^{Spa*}}{\mathrm{d}s}<0$，$\dfrac{\mathrm{d}\Pi_o^{Spa*}}{\mathrm{d}\theta}>0$，证毕。

在自营模式下，随着政府补贴水平的提高，零售商市场竞争力增强，销售量增大，而随着消费者对二手产品接受程度的提高，零售商新产品销售量减少，故零售商利润与政府补贴水平正相关，而与消费者二手产品接受程度负相关。对于在线回收商而言，随着消费者二手产品接受程度的提高再售量增大导致利润提升，而政府补贴的提高将导致再售量降低、利润受损。政府消费者补贴政策增强了零售商应对在线回收商再售策略所造成的市场侵蚀，而在线回收商可以通过提升二手产品营销和售后服务的方式维护自身再售收益。

通过以上研究发现，考虑政府补贴的自营模式下在线回收商部分回收再售策略需在一定的约束条件下成立，而约束条件下限是关于消费者二手产品接受程度以及零售商新产品进购成本的增函数，表明随着零售商新产品进购成本或消费者二手产品接受程度的提高，在线回收商选择部分回收再售策略的空间减小。这是因为较高的新产品进购成本削弱了零售商市场竞争力，而较高的消费者二手产品接受程度有助于提升在线回收商再售量，此时在线回收商回收意愿较强，逐渐趋向于全部回收。由于全部回收不符合我国回收行业现状，故不将其作为研究重点，不再赘述。

6.4　考虑政府补贴的代理模式

当在线回收商通过零售商销售回收品时，在线回收商利润为再售收益减去回收成本和代理佣金，而零售商利润为新产品销售收入加上代理佣金。此时，零售商与在线回收商优化问题如式(6.11)所示

$$\begin{cases}\max\limits_{q_n}\Pi_r^A=(p_n-C_n)q_n+\alpha p_o q_r\\ \max\limits_{p_r}\Pi_o^A=(1-\alpha)p_o q_r-p_r q_r\\ \text{s. t. } q_n>q_r\geqslant 0\end{cases}\tag{6.11}$$

其中，$\alpha\in(0,\ 1)$表示零售商对在线回收商所收取的代理佣金比例（许垒和李勇建，2013；Tan et al.，2016；Lin et al.，2018）。通过静态博弈方法对式(6.11)的优化问题进行求解。由式(6.11)中零售商和在线回收商利润函数可得其广义拉格朗日函数为

$$\begin{cases}L_r^A(q_n,\ \lambda_r,\ u_r)=(p_n-C_n)q_n+\alpha p_o q_r+\lambda_r(q_n-q_r)+u_r q_n\\ L_o^A(p_r,\ \lambda,\ u)=(1-\alpha)p_o q_r-p_r q_r+\lambda(q_n-q_r)+u q_r\end{cases}\tag{6.12}$$

其中，$\lambda_r\geqslant 0$，$u_r\geqslant 0$，$\lambda\geqslant 0$，$u\geqslant 0$ 为拉格朗日乘子，根据式(6.12)对广义拉格朗日函数求一阶导数可得

$$\begin{aligned}\mathrm{d}^2L_r^A/\mathrm{d}q_n^2&=1+s-\theta q_r(1-\alpha)-C_n-2q_n+\lambda_r+u_r\\ \mathrm{d}L_o^A/\mathrm{d}q_r&=\theta(1-q_n-2q_r)-2q_r-\lambda+u\end{aligned}\tag{6.13}$$

因为 $d^2L_r^A/dq_n^2=-2<0$，$d^2L_o^A/dq_r^2=-2[1+\theta(1-\alpha)]<0$，所以零售商利润是关于 q_n 的凹函数，同时在线回收商利润是关于 q_r 的凹函数。优化问题式(6.11)存在最优解的充分必要条件为 $dL_r^A/dq_n=0$，$dL_o^A/dq_r=0$，同时满足 $\lambda_r(q_n-q_r)=0$，$u_rq_n=0$，$\lambda(q_n-q_r)=0$，$uq_r=0$ 且 $\lambda_r\geqslant0$，$u_r\geqslant0$，$\lambda\geqslant0$，$u\geqslant0$。

6.4.1 部分回收

若 $q_n>q_r>0$，则 $\lambda_r=0$，$u_r=0$，$\lambda=0$，$u=0$，将其代入式(6.13)求解可得

$$\begin{cases} q_n^{Apa*}=\dfrac{2[1+\theta(1-\alpha)](s-C_n)+\theta(1-\alpha)[2-\theta(1+\alpha)]+2}{4[(1-\alpha)\theta+1]+\theta^2(\alpha^2-1)} \\ q_r^{Apa*}=\dfrac{\theta(1-\alpha)(1+C_n-s)}{4[(1-\alpha)\theta+1]+\theta^2(\alpha^2-1)} \end{cases} \tag{6.14}$$

若要满足约束条件 $q_n>q_r>0$，则 $\left\{0,\ C_n-\dfrac{\theta(1-\alpha)[1-\theta(1+\alpha)]+2}{2+3\theta(1-\alpha)}\right\}<s<1$；此时，零售商和在线回收商最优利润为

$$\begin{cases} \Pi_r^{Apa*}=\dfrac{(s-C_n)\xi_{61}+\theta^3(1-\alpha)^2[(1+\alpha)\theta-(\alpha+4)]+4+4\theta(1-\alpha)(2-\alpha\theta)}{(4((1-\alpha)\theta+1)+\theta^2(\alpha^2-1))^2} \\ \Pi_o^{Apa*}=\dfrac{\theta^2(1-\alpha)^2(1+\theta-\alpha\theta)(1+C_n-s)^2}{(4((1-\alpha)\theta+1)+\theta^2(\alpha^2-1))^2} \end{cases} \tag{6.15}$$

其中，$\xi_{61}=[4+\theta^2(1-\alpha)^2(4-\alpha\theta)+8\theta(1-\alpha)](s-C_n)+8+\alpha(\alpha+1)^2\theta^4+2\theta^3(4\alpha^2+\alpha-2-3\alpha^3)+4\theta^2(4\alpha^2-5\alpha+1)+16\theta(1-\alpha)$。

6.4.2 无回收

若 $q_n>q_r=0$，则 $\lambda_r=0$，$u_r=0$，$\lambda=0$，$q_r=0$，将其代入式(6.13)求解可得

$$q_n^{Ana*}=\frac{1+s-C_n}{2};\quad u=\frac{\theta(\alpha-1)(1+C_n-s)}{2}<0 \tag{6.16}$$

无法满足约束条件 $u \geq 0$，该情形不成立。若 $q_r = q_o = 0$，则无解，故零售商不销售新产品，在线回收商不进行回收再售的情形也不成立。

推论 6.2：通过零售商再售时零售商和在线回收商最优利润分析：

(1)零售商：零售商利润随 s 的增大而增大。

当 $f_1^A(\alpha)<0$ 且 $\max\left\{0,\ C_n-\dfrac{\theta(1-\alpha)[1-\theta(1+\alpha)]+2}{2+3\theta(1-\alpha)}\right\}<s<s_1^A$ 时，零售商利润随 θ 的增大而增大；当 $f_1^A(\alpha)<0$ 且 $s_1^A \leq s<1$ 或 $f_1^A(\alpha) \geq 0$ 时，则随 θ 的增大而减小。

(2)回收商：在线回收商利润随 s 的增大而减小，随 θ 的增大而增大。

其中，$f_1^A(\alpha)=(1-\alpha)^2\theta^2[\alpha(\alpha+1)\theta+4(1-\alpha)]+4(3\alpha-2)(\alpha-1)\theta-16\alpha s_1^A = C_n-\dfrac{(1-\alpha)[(\alpha^3-4\alpha^2-\alpha+4)\theta^3+4\alpha\theta^2(5-\alpha)+12\theta(\alpha-2)-16]}{[\alpha(1-\alpha)^2\theta^3-16](1+\alpha)-4(\alpha^3-3\alpha+2)\theta^2+12\theta(\alpha+2)(\alpha-1)}$。

推论 6.2 证明：根据式(6.15)代理模式下部分回收时零售商最优利润可得

$$\begin{cases}\dfrac{d\Pi_r^{Apa*}}{ds}=\dfrac{\xi_{61}}{[4(1+\theta-\alpha\theta)+\theta^2(\alpha^2-1)]^2}\\[2ex]\dfrac{d\Pi_r^{Apa*}}{d\theta}=\dfrac{\theta(1-\alpha)(1+C_n-s)[\xi_{62}(s-C_n)+\xi_{63}]}{[4(1+\theta-\alpha\theta)+\theta^2(\alpha^2-1)]^3}\end{cases}\tag{6.17}$$

其中

$$\begin{cases}\xi_{62}=\alpha(\alpha+1)(1-\alpha)^2\theta^3+4\theta^2(3\alpha-\alpha^3-2)+12\theta(\alpha^2+\alpha-2)-16(\alpha+1)\\ \xi_{63}=(1-\alpha)[\theta^3(1-\alpha^2)(4-\alpha)+4\alpha\theta^2(5-\alpha)+12\theta(\alpha-2)-16]\end{cases}\tag{6.18}$$

在约束$\left\{0,\ C_n-\dfrac{\theta(1-\alpha)[1-\theta(1+\alpha)]+2}{2+3\theta(1-\alpha)}\right\}<s<1$ 下，$\dfrac{d\Pi_r^{Apa*}}{ds}>0$。当 $f_1^A(\alpha) \geq 0$ 时，$\dfrac{d\Pi_r^{Apa*}}{d\theta}<0$；当 $f_1^A(\alpha)<0$ 时，若 $\max\left\{0,\ C_n-\dfrac{\theta(1-\alpha)[1-\theta(1+\alpha)]+2}{2+3\theta(1-\alpha)}\right\}<$

$s<s_1^A$，则$\frac{\mathrm{d}\Pi_r^{Aaa*}}{\mathrm{d}\theta}>0$，当 $s_1^A\leqslant s<1$ 时，$\frac{\mathrm{d}\Pi_r^{Aaa*}}{\mathrm{d}\theta}\leqslant 0$。

根据在线回收商最优利润可得

$$\begin{cases}\frac{\mathrm{d}\Pi_o^{Apa*}}{\mathrm{d}s}=\frac{2\theta^2(1-\alpha)^2(1+C_n-s)(\alpha\theta-\theta-1)}{[4(1+\theta-\alpha\theta)+\theta^2(\alpha^2-1)]^2}\\ \frac{\mathrm{d}\Pi_o^{Apa*}}{\mathrm{d}\theta}=\frac{\theta(1-\alpha)^2(1+C_n-s)^2(2+\theta-\alpha\theta)[4(1+\theta-\alpha\theta)+\theta^2(1-\alpha^2)]}{[4(1+\theta-\alpha\theta)+\theta^2(\alpha^2-1)]^3}\end{cases} \tag{6.19}$$

在约束 $\left\{0,\ C_n-\frac{\theta(1-\alpha)[1-\theta(1+\alpha)]+2}{2+3\theta(1-\alpha)}\right\}<s<1$ 下，$\frac{\mathrm{d}\Pi_o^{Apa*}}{\mathrm{d}s}<0$，$\frac{\mathrm{d}\Pi_o^{Apa*}}{\mathrm{d}\theta}>0$。

在代理模式下，零售商利润依然与政府补贴正相关，而在线回收商利润与政府补贴负相关。原因在于政府补贴增大了零售商的销售量，导致在线回收商再售量减少。虽然在线回收商利润依然与消费者二手产品接受程度正相关，但受代理佣金的影响，零售商利润与消费者对二手产品接受程度的关系与自营模式有所差异。具体来说，当佣金比例较高且政府补贴较低时，零售商利润与消费者二手产品接受程度正相关。这是因为在政府补贴较低时，新产品对二手产品市场挤对有限，二手产品依然拥有可观的市场需求，零售商通过代理佣金从在线回收商处获取利润弥补了新产品销售量下降所带来的损失。总之，相对自营模式而言，代理模式下代理佣金增强了零售商与在线回收商之间的联系，能够使双方在某些条件下共同受益。Tan 等(2016)在拥有共同供应商的竞争性零售商所组成的供应链研究中指出相较于批发价格模型，代理模型通过佣金比例的调整更容易实现供应链协调，而本研究进一步表明在消费者二手产品接受程度较高时代理佣金可以实现在线回收商与零售商的协调。

通过以上研究发现，考虑政府补贴的代理模式下在线回收商部分回收再售策略在一定的约束条件下成立，而约束条件下限与零售商新产品进购成本和消费者二手产品接受程度正相关，但与代理佣金比例负相关，表明随着代理佣金的增加在线回收商更愿意选择部分回收再售策略，原因在于较高的代理佣金使大量再售收益流向零售商，打击了在线回收商参与回收的热情。

6.5　对比分析

该部分将根据 6.3 部分和 6.4 部分计算结果比较分析两种再售模式下在线回收商利润、零售商利润、回收率以及消费者剩余的变化情况。为了保证模型的可比性，对于约束条件取两种再售模式的交集，即$\left\{0,\ C_n-\frac{2+\theta-\theta^2}{2+3\theta}\right\}<s<1$。

命题 6.1：在线回收商再售渠道选择：若 $0<F<\Psi$，则在线回收商选择自营模式；若 $\Psi\leqslant F$，则选择代理模式。其中，$\Psi=\frac{\alpha\theta^2(1+s-C_n)^2\xi_{64}}{[4(1+\theta)-\theta^2]^2[4(1+\theta-\alpha\theta)+\theta^2(\alpha^2-1)]^2}$ 且 $\xi_{64}=[(\alpha+3)\theta+(\alpha-14)]^2\theta^4+16\theta^3(\alpha-1)+16\theta^2(2\alpha-3)(\alpha-1)+16(\alpha^2-5\alpha+5)\theta+16(2-\alpha)$。

命题 6.1 证明：根据两种再售模式下在线回收商部分回收再售最优利润可得：$\Pi_o^{Spa*}-\Pi_o^{Apa*}=\Psi-F$，其中 $\Psi=\frac{\alpha\theta^2(1+s-C_n)^2\xi_{64}}{[4(1+\theta)-\theta^2]^2[4(1+\theta-\alpha\theta)+\theta^2(\alpha^2-1)]^2}$ 且 $\xi_{64}=[(\alpha+3)\theta+(\alpha-14)]^2\theta^4+16\theta^3(\alpha-1)+16\theta^2(2\alpha-3)(\alpha-1)+16(\alpha^2-5\alpha+5)\theta+16(2-\alpha)$。若 $0<F<\Psi$，则 $\Pi_o^{Spa*}-\Pi_o^{Apa*}>0$；若 $\Psi\leqslant F$，则 $\Pi_o^{Spa*}-\Pi_o^{Apa*}\leqslant 0$，证毕。

从命题 6.1 中发现在线回收商再售渠道选择主要受自营再售业务时所

投入的固定成本影响。若在线回收商自营再售业务所投入的固定成本超过某一临界值，则在线回收商放弃自营再售业务而通过零售商代理模式销售回收品。这一结论与预期一致，也符合常理，成本一直都是影响企业决策的重要因素，如何控制成本也是企业的永恒话题。临界值 Ψ 随着政府补贴水平的提高而减小。这是因为随着政府补贴的增加在线回收商回收再售量十分有限，所能承担的固定成本也随之缩小，因此更青睐于代理模式。此外，随着零售商代理佣金的增加，在线回收商更愿意选择自营再售业务，如图 6.3 所示。因为代理佣金的增加将降低在线回收商在代理模式下的再售热情，该结论进一步验证了 Cao 和 He(2016)所指出的代理佣金会打击第三方零售商销售努力的研究成果。

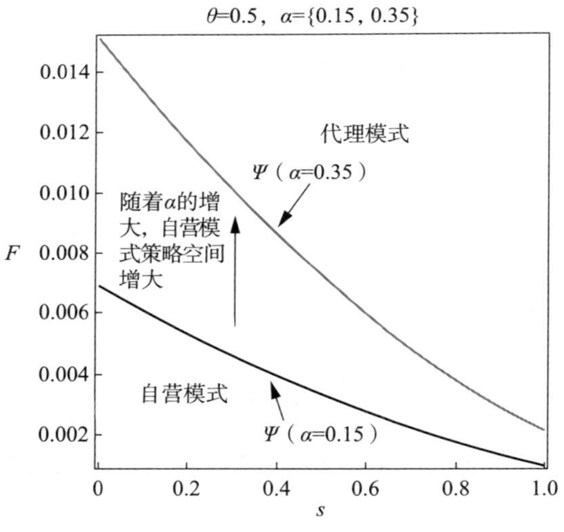

图 6.3　在线回收商再售策略选择示意图

命题 6.2：两种回收再售模式下零售商利润、回收率以及消费者剩余比较分析：

(1) 零售商：代理模式下零售商利润优于自营模式下利润，即 $\Pi_r^{AK} \geqslant \Pi_r^{SK}$。

（2）回收率：自营模式下回收率优于代理模式下回收率，即$\frac{q_r^{SK}}{q_n^{SK}} \geqslant \frac{q_r^{AK}}{q_n^{AK}}$。

（3）消费者剩余：自营模式下消费者剩余优于代理模式下消费者剩余，即 $CS^{SK} \geqslant CS^{AK}$。

两种再售模式下零售商最优利润以及回收率可通过 6. 3 部分和 6. 4 部分的计算结果得到。接下来给出消费者剩余的推导过程，通过消费者购买零售商产品和在线回收商再售产品所获得净效用推导消费者剩余为

$$CS = \int_{\frac{p_o}{\theta}}^{\frac{p_n - p_o - s}{1-\theta}} (\theta v - p_o)\mathrm{d}v + \int_{\frac{p_n - p_o - s}{1-\theta}}^{1} (v - p_n + s)\mathrm{d}v \tag{6.20}$$

首先，根据自营模式下部分回收时均衡解可得

$$CS^{Spa*} = \frac{(C_n - s)[(3\theta^3 - 4 - 8\theta)(C_n - s) + \xi_{65}] + \xi_{66}}{2[4(1+\theta) - \theta^2]^2} \tag{6.21}$$

其中，$\xi_{65} = 2(\theta^4 - 3\theta^3 + 2\theta^2 + 8\theta + 4)$，$\xi_{65} = \theta^4 - \theta^3 - 4\theta^2 - 8\theta - 4$。

其次，根据代理模式下部分回收时均衡解可得

$$CS^{Apa*} = \frac{(C_n - s)\{[3(1-\alpha)^2\theta^3 + 4\theta(1-\alpha)(\alpha\theta - 2) - 4](C_n - s) + \xi_{66}\} - \xi_{67}}{2[4(1+\theta-\alpha\theta) + \theta^2(\alpha^2 - 1)]^2} \tag{6.22}$$

其中

$$\begin{cases} \xi_{66} = 8 + 2\theta^3(1-\alpha)^2[(1+\alpha)\theta - (2\alpha+3)] + 4\theta(1-\alpha)[\theta(1-3\alpha) - 4] \\ \xi_{67} = 4 + \theta^3(1-\alpha)^2[(\alpha^2-1)\theta + (1-4\alpha)] + 4\theta(1-\alpha)[(1-2\alpha)\theta + 2] \end{cases} \tag{6.23}$$

两种再售模式下零售商利润、回收率以及消费者剩余的比较证明过程可参考命题 6. 1，不再赘述。

通过命题 6. 2 可以看出零售商更希望在线回收商将回收品以代理形式进行再售。当代理佣金较低时，虽然代理模式下零售商销售量小于自营模

式下销售量，但代理模式下较高的零售价格保证了代理模式下零售商利润较优。当代理佣金较高时，代理模式下较高的新产品销售量、零售价格以及佣金收入，使代理模式成为零售商绝对占优的策略。回收率可以反映逆向物流的效率，自营模式下在线回收商拥有更强的回收动力，较高的回收量使自营模式下回收率优于代理模式。究其原因发现，相对自营模式而言，代理模式下代理佣金增大了在线回收商再售的成本，导致自营模式更有利于回收再售，故回收率较优。同时，自营模式下相对激烈的市场竞争导致销售价格较低，故消费者剩余优于代理模式。综上所述，零售商利润和回收率以及消费者剩余就再售渠道而言无法达成一致。虽然在线回收商可以通过控制固定成本投入选择自营模式，但零售商若和上游供应商共谋降低新产品进购成本，也将对在线回收商自营再售业务造成打击，政府对零售商的补贴也将进一步逼迫在线回收商选择代理模式，此时逆向物流趋向于回收率和消费者剩余较低的代理模式。

6.6 拓展分析

在拓展分析中考虑在线回收商不完全再售的情形，即 $q_r \geqslant q_o$。假设在线回收商一方面可以将回收品以二手产品形式再售，另一方面可以通过转移价格(b)出售给废旧产品处理企业。此时，自营模式下在线回收商和零售商的优化问题为

$$\begin{cases} \max\limits_{q_n} \Pi_r^S = (p_n - C_n) q_n \\ \max\limits_{p_r, q_o} \Pi_o^S = p_o q_o + b(q_r - q_o) - p_r q_r - F \\ \text{s. t. } q_n > q_r \geqslant q_o \geqslant 0 \end{cases} \tag{6.24}$$

而代理模式下在线回收商和零售商的优化问题为

$$\begin{cases}\max\limits_{q_n}\Pi_r^A=(p_n-C_n)q_n+\alpha p_o q_o\\ \max\limits_{q_r,q_o}\Pi_o^A=(1-\alpha)p_o q_o+b(q_r-q_o)-p_r q_r\\ \text{s. t. } q_n>q_r\geqslant q_o\geqslant 0\end{cases}\tag{6. 25}$$

可参考 6. 3 部分和 6. 4 部分的求解过程，通过非线性规划理论对以上优化问题进行求解。两种再售模式下在线回收商再售策略如命题 6. 3 所示。令 $s^{S1}=C_n+\frac{(\theta+1)(\theta-2)}{3\theta+2}$；$s^{S2}=C_n+\frac{b\theta^2-(\theta+1)4b+2\theta}{2\theta}$；$s^{S3}=C_n+\frac{\theta-2b}{\theta}$；$s^{A1}=C_n+\frac{\theta(\alpha-1)(\alpha\theta+\theta-1)+2}{3\theta(\alpha-1)-2}$；$s^{A2}=C_n+\frac{(\alpha^2-1)b\theta^2+4b(\theta+1-\alpha\theta)+2\theta(\alpha-1)}{2\theta(\alpha-1)}$；$s^{A3}=C_n+\frac{\alpha\theta+2b-\theta}{\theta(\alpha-1)}$。不完全再售时，为保证自营模式下各再售策略的成立，转移价格需满足 $b<\frac{2\theta}{2+3\theta}$，为保证代理模式下各再售策略的成立，转移价格需满足 $b<\frac{2\theta(1-\alpha)}{2+3\theta(1-\alpha)}$。

命题 6. 3：不完全再售情形下在线回收商再售策略分析：当 $\max\{0,s^{j1}\}<s<s^{j2}$ 时，在线回收商全部再售；当 $s^{j2}\leqslant s<s^{j3}$ 时，在线回收商部分再售；当 $s^{j3}\leqslant s<1$ 时，在线回收商无再售。

命题 6. 3 给出了不完全再售时在线回收商的再售策略。随着政府补贴的增加在线回收商再售意愿减弱，再售策略由全部再售转变为部分再售到最后无再售。这是因为政府补贴增强了零售商新产品的市场竞争力，从而导致二手产品市场需求萎缩，在线回收商再售量不断下降。同时，发现 s^{j2} 和 s^{j3} 是关于转移价格的减函数，表明随着转移价格的提高，在线回收商部分再售和无再售策略空间增大。原因在于较高的转移价格导致在线回收商将回收品出售给废旧产品处理企业更有利可图，因此在线回收商再售意愿减弱。综上所述，转移价格的提高导致更多的回收品流向废旧产品处理企业，减少再售量，形成对在线回收商再售的“拉力”。政府补贴水平的提高将使零售商新产品销售量增大，从而挤压二手产品市场，形成对在线回收商再售的“阻力”。接下来将在转移价格和政府补贴双重作用下考察在线回收商再售渠道选择以及两种模式下零售商利润、回收率和消费者剩余的变化情况。

6.7 算例分析

由于模型的复杂性，该部分将通过算例形式分析不完全再售时两种模式下在线回收商利润、零售商利润、回收率以及消费者剩余的变化情况。

6.7.1 不完全再售时在线回收商和零售商利润对比分析

根据不完全再售时两种再售模式下在线回收商利润，假设参数为 $\alpha=0.35$，$\theta=0.5$，$b=\{0.18, 0.20\}$，$F=0.005$，$C_n=0.6$，绘制图 6.4 和图 6.5。

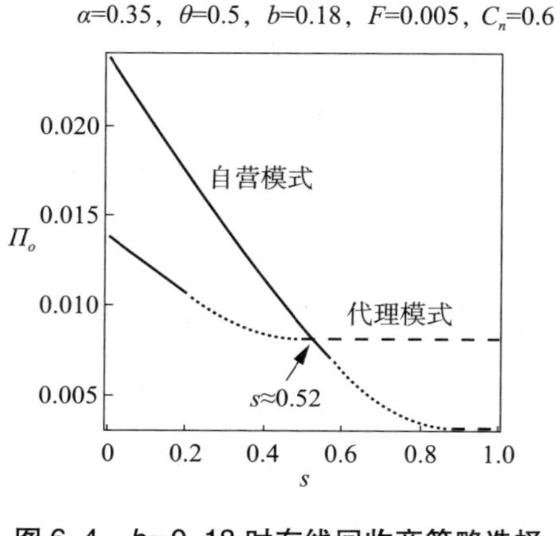

图 6.4　b=0.18 时在线回收商策略选择

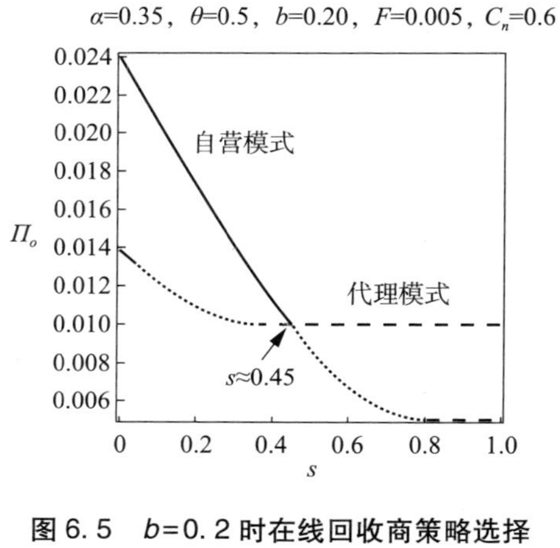

图 6.5　b=0.2 时在线回收商策略选择

从图 6.4 和图 6.5 中发现无论何种再售模式，在线回收商利润都随政府补贴的增加而减小，政府补贴在增强零售商新产品市场竞争力的同时导致二手产品销售量下降，在线回收商利润受损。同时，随着政府补贴水平的提高，在线回收商利润由自营模式较优转变为代理模式较优。这是因为当政府补贴水平低于某一临界值时（如图 6.4 中 $s \approx 0.52$，图 6.5 中 $s \approx 0.45$），自营模式下较高的回收再售量导致其利润优于代理模式，但当政府补贴高于该临界值时，代理模式下较高的再售价格成为影响在线回收商利润的主要因素，虽然此时回收商要支付给零售商代理佣金，但较高的再售边际收益依然能够保证其利润优于自营模式。最后，对比图 6.4 和图 6.5 发现，随着转移价格的提高，代理模式下在线回收商利润优于自营模式的可能性增大。原因在于较高的转移价格使回收商将更多的回收品出售给废旧产品处理企业，此时再售量下降，在线回收商很难弥补自营模式下所投入的固定成本。

根据不完全再售情形下两种再售模式中零售商利润，假设参数 $\alpha = 0.35$，$\theta = 0.5$，$b = 0.2$，$F = 0.005$，$C_n = 0.6$，绘制图 6.6。从图 6.6 中发现在政府补贴非常高的无再售策略下，两种再售模式无差异，而在其他补贴情形下代理模式中零售商利润优于自营模式。原因在于一方面代理模式下零售商可以制定较高的新产品销售价格，并且此时代理模式下新产品销售量也较高；另一方面代理模式下零售商可通过代理佣金从在线回收商处获取利润，增加自身收益。此外，转移价格仅能改变代理模式与自营模式中零售商利润之间的差距，而无法改变代理模式优于自营模式这一结论。根据现阶段国家补贴标准，对于绿色智能家电给予单台销售金额 13%，最高 800 元的财政补贴。相对绿色智能家电较高的零售价格而言，补贴金额较低，有利于在线回收商选择自营模式，从而损害零售商利润。

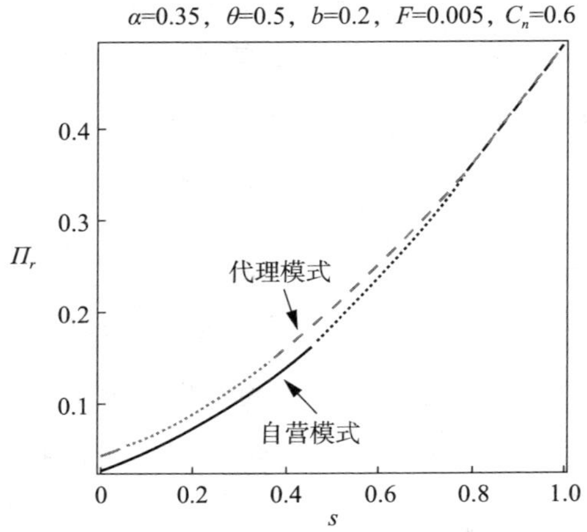

图 6.6　不完全再售时零售商利润比较分析

6.7.2　不完全再售时回收率和消费者剩余对比分析

通过不完全再售时两种再售模式下零售商新产品销售量以及在线回收商的回收量，可得不同再售模式下在线回收商的回收率，假设参数为 $\alpha=0.35$，$\theta=0.5$，$b=0.2$，$F=0.005$，$C_n=0.6$，绘制图 6.7。随着政府补贴的增加，零售商新产品销售量增大，而在线回收商回收量下降，因此图 6.7 中回收率呈现递减趋势。在政府补贴非常高的无再售情形下，两种再售模式下回收率相同，而其他情形下自营模式中相对较高的回收量以及相对较低的新产品销售量导致其回收率优于代理模式。此外，转移价格仅能改变代理模式与自营模式中回收率之间的差距，而无法改变自营模式中回收率较优这一结论。

参考命题 6.4 中消费者剩余的求解方法，可推导不完全再售时两种再售模式下消费者剩余，假设参数为 $\alpha=0.2$，$\theta=0.45$，$b=\{0.19,\ 0.20\}$，$F=0.005$，$C_n=0.5$，绘制图 6.8 和图 6.9。从图 6.8 和图 6.9 中发现，随着政府补贴的增加消费者剩余递增，消费者为政府家电补贴政策的直接受

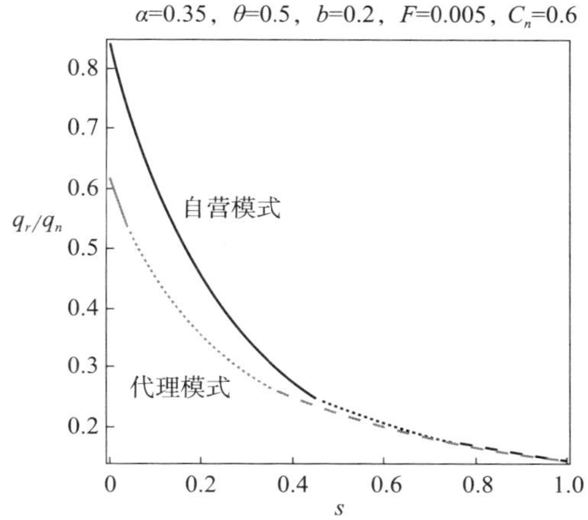

图 6. 7　不完全再售时回收率比较分析

益者，政府补贴提升了消费者可支付价格，增强了消费者购买力，故消费者剩余提升。同时，发现当政府补贴小于某一临界值时（如图 6. 8 中 $s\approx0.2$，图 6. 9 中 $s\approx0.13$），自营模式下较低的新产品以及二手产品销售价格导致消费者剩余较优，该结论与命题 6. 2 一致。当政府补贴高于该临界值时，消费者具有较强的购买力，代理模式下较高的新产品销售量导致代理模式下消费者剩余较优。总而言之，当政府补贴较低时，销售价格是影响消费者剩余的关键因素，而当政府补贴较高时，政府补贴将对消费者剩余产生重要影响。此外，对比图 6. 8 和图 6. 9 发现，随着转移价格的提高，代理模式下消费者剩余优于自营模式的可能性增大，原因在于转移价格的提高使更多回收品流向了废旧产品处理企业，缓解了零售商与在线回收商的市场竞争，增加了零售商新产品销售量，同时转移价格对代理模式下新产品销售量的影响更加显著。

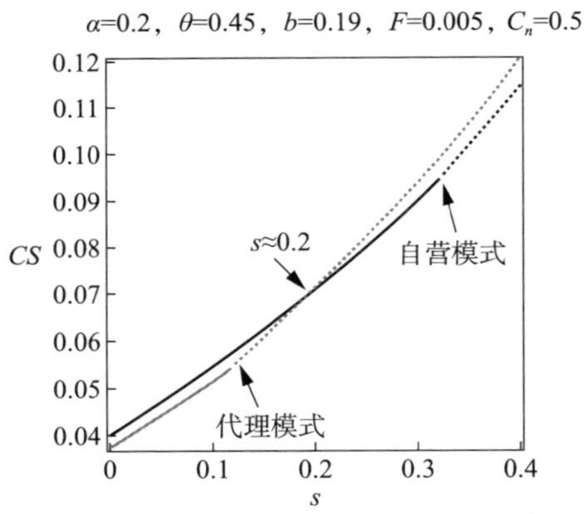

图 6.8　b=0.19 时消费者剩余比较分析

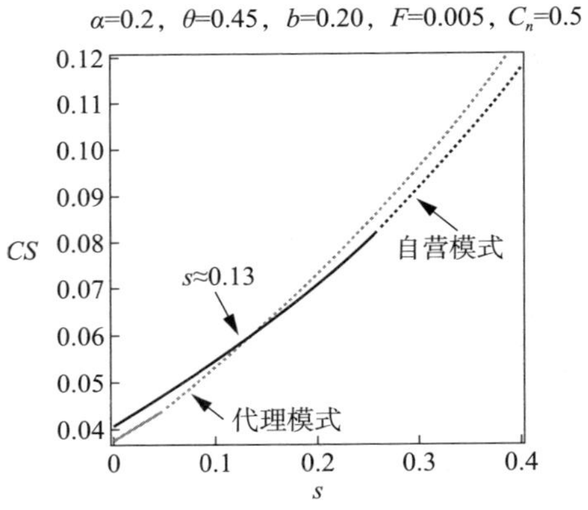

图 6.9　b=0.20 时消费者剩余比较分析

综上所述，在不完全再售情形下零售商、在线回收商、回收率以及消费者剩余就再售模式依然无法达成一致。虽然不完全再售情形下，受转移价格的影响出现了代理模式消费者剩余优于自营模式的情形，但回收率与零售商利润就再售模式存在冲突。当政府补贴较低时，可以实现在线回收商、回收率以及消费者剩余在自营模式下的协调；当政府补贴较高时，可以实现在线回收商、零售商以及消费者剩余在代理模式下的协调。总而言之，政府消费者补贴政策改善了两种再售模式下的消费者剩余，但无法实现企业、环境和消费者的多方协调。

6.8　回收成本分担协调策略

通过 6.7 部分的分析发现，当政府补贴较高时，可以实现在线回收商、零售商以及消费者剩余在代理模式下的协调。此时，能否通过一种供应链协调策略，在保证在线回收商利润、零售商利润以及消费者剩余在代理模式下较优的前提下提升代理模式的回收率，从而实现企业、环境以及消费者的多方协调。基于此，在代理模型中提出零售商对在线回收商的回收成本分担契约，假设代理模式下零售商可以为在线回收商分担 η 比例的回收成本。此时，代理模式下零售商与在线回收商的优化问题为

$$\begin{cases}\max\limits_{q_n}\Pi_r^A=(p_n-C_n)q_n+\alpha p_o q_o-\eta p_r q_r \\ \max\limits_{q_r,q_o}\Pi_o^A=(1-\alpha)p_o q_o+b(q_r-q_o)-(1-\eta)p_r q_r \\ \text{s. t. } q_n>q_r\geqslant q_o\geqslant 0\end{cases} \tag{6.26}$$

通过非线性规划理论对式(6.26)的优化问题进行求解。然后，假设参数为 $\eta=0.08$，$\alpha=0.35$，$\theta=0.5$，$b=0.2$，$F=0.005$，$C_n=0.6$。此时，比较分析代理模式和自营模式下在线回收商利润、零售商利润、回收率以及消费者剩余可得图 6.10。

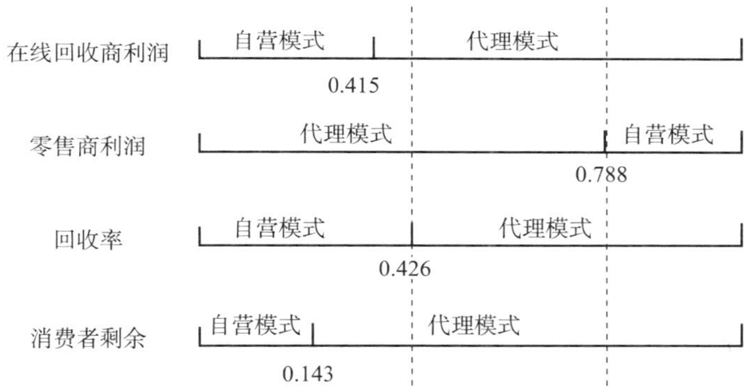

图 6.10　成本分担时模型比较分析示意图

从图 6.10 中发现在代理模式下若零售商对在线回收商进行成本分担，则在一定的补贴水平下（$0.426<s<0.788$）可以实现在线回收商、零售商、回收率以及消费者剩余的多方协调。首先，对于零售商而言，代理模式下的回收成本分担行为在一定程度上降低了自身利润，导致在补贴水平较高的无再售策略下利润小于自营模式。其次，对于在线回收商和消费者剩余而言，较高的补贴水平使自营模式下在线回收商二手产品销售量十分有限，很难弥补其固定成本投入，同时较高的补贴水平对代理模式下购买新

产品消费者的消费者剩余提升显著，故使代理模式下在线回收商利润和消费者剩余较优。最后，代理模式下零售商的回收成本分担策略可以有效提升在线回收商回收量，从而提升回收率。在现实生活中，也存在在线回收商与零售商战略合作的情形。例如，爱回收与京东达成战略合作，爱回收通过京东销售二手产品的同时，京东通过“拍拍二手”板块为爱回收增加回收业务。京东为爱回收提供了更好的消费者参与回收的场景和入口，为爱回收进行了推广宣传，有助于爱回收提升回收量，间接地为爱回收分担了回收成本。爱回收作为我国成立最早、规模最大的在线回收平台，其商业模式有先进性，值得思考和学习。

6.9 本章小结

本章研究了政府家电补贴政策对在线回收商再售渠道策略的影响。政府家电补贴政策有助于提升零售商的市场竞争力，从而抵御来自在线回收商再售业务的市场侵蚀。对于在线回收商而言，政府的家电补贴政策无疑增大了在线回收商二手产品销售难度。此时，在线回收商是否更青睐于代理模式销售回收品，从而放弃自营再售业务？政府补贴影响下，零售商、回收率以及消费者剩余在何种再售模式下较优？

带着以上问题，建立了完全再售情形下在线回收商的两种再售决策模型（代理模型、自营模型），并通过非线性规划理论求最优解。研究发现，无论是自营模式还是代理模式，零售商利润都与政府补贴水平正相关，而在线回收商利润与政府补贴水平负相关。对比分析两种再售模式发现，当自营模式下在线回收商所投入的固定费用较低时，在线回收商选择自营再售业务并且此时回收率和消费者剩余较优，但零售商更偏好于代理模式。随着政府补贴水平的提高，在线回收商更倾向于选择代理模式。

在拓展分析部分，考虑在线回收商不完全再售的情形，在线回收商将回收品以二手产品形式再售的同时，可以将回收品以一定的转移价格出售给废旧产品处理企业。此时，随着政府补贴水平的提高，在线回收商再售意愿减弱，依次选择全部再售、部分再售和无再售。同时，随着转移价格的提高，在线回收商再售动力进一步减弱，无再售和部分再售策略空间变大。总而言之，随着政府补贴水平的提高，零售商新产品销售量增大，从而挤压二手产品市场，形成对在线回收商再售的“阻力”。随着转移价格的提高，更多的回收品流向废旧产品处理企业从而减少了再售量，形成对在线回收商再售的“拉力”。随着两种作用力的增强，在线回收商再售量降低，使得在线回收商更偏好于代理模式，同时造成代理模式下消费者剩余优于自营模式的可能性增大。最后，通过回收成本分担策略，可以在政府补贴水平较高时的代理模式下实现企业、环境和消费者的多方协调。

第7章

结论与展望

本章首先结合各章节内容对本书进行总结，然后指出本研究存在的局限性，并提出未来研究的努力方向。

7.1 主要研究结论

随着互联网的快速发展，“互联网+回收”的O2O回收模式应运而生。新环境、新模式下一系列的运营决策问题需要重新考虑，基于此本书对以下内容进行了研究，并得出了一些有意思的结论，希望所得结论能够为在线回收商决策以及政府政策制定提供理论借鉴。

首先，在传统回收模型的基础上考虑再售策略和回收成本优势，从而构建在线回收模型。对在线回收决策模型研究发现，随着转移价格的提高，在线回收商再售意愿减弱，再售策略由全部再售转变为部分再售到最后无再售。但随着制造商单位生产成本的增加，回收商再售意愿增强，在线回收商全部再售和部分再售策略空间增大。一方面由于在线回收模型中回收商可以通过再售策略处理回收品，增强了回收商处理回收品的灵活性；另一方面，相对传统回收而言，在线回收具有较大的回收成本优势。因此，当开通再售业务投入固定成本较低时在线回收模式下回收商利润总是优于传统回收模式。同时，在线回收较高的回收量和较低的销售价格使在线回收模型中消费者剩余以及回收率较优。对于制造商而言，在线回收的回收成本优势在某些回收再售策略下能够为制造商带来更高的再制造量，从而使在线回收商和制造商达成双赢。

其次，考察政府回收处理基金对在线回收商再售策略的影响。通过对在线回收商获得拆解补贴的决策模型研究发现，随着政府回收处理基金的增加，在线回收商再售意愿增强，再售策略依次由无再售转变为部分再售最后为全部再售。同时，随着政府补贴的增加，在线回收商再售热情降低。当制造商获得拆解补贴时，在线回收商再售策略选择不受政府补贴的影响。相对在线回收商获得拆解补贴而言，此时在线回收商部分再售和无再售策略空间减小，而全部再售策略空间增大。对比分析两种补贴决策模型发现，在线回收商获得拆解补贴更有助于提升回收率，但损害了消费者剩余。当政府对制造商征收较高的处理基金时，制造商申请拆解资质获得拆解补贴的动力反而降低，此时在线回收商获得拆解补贴有助于制造商和在线回收商达成共赢。

再次，在线回收商对于回收品可以有不同的再售渠道选择，即自营或代理。通过研究发现，自营模式下零售商利润随着消费者对二手产品接受程度的提高而减小，而代理模式下由于代理佣金的影响，零售商利润在一定条件下随着消费者对二手产品接受程度的提高而增大。比较分析两种再售模式发现，自营再售业务所投入的固定成本是影响在线回收商再售渠道选择的重要因素，较低的固定成本使在线回收商更青睐于自营模式，而零售商在代理模式下受代理佣金和高销售价格的影响利润优于自营模式。自营模式下较高的回收量以及较低的销售价格导致回收率和消费者剩余较优。总而言之，无法同时实现企业、环境以及消费者的协调。

最后，考察了政府家电补贴政策对在线回收商再售渠道选择的影响。发现随着政府补贴水平的提高，新产品市场竞争力增强，二手产品市场萎缩，在线回收商再售量降低，这使在线回收商更青睐于不需要投入固定成本的代理模式。若考虑在线回收商将回收品再售的同时可以通过转移价格将回收品出售给废旧产品处理企业的情形，则随着政府补贴的增加，在线回收商再售意愿减弱，由全部再售转变为部分再售到最后无再售。同时，转移价格的提高进一步降低了在线回收商的再售意愿，造成部分再售和无再售策略空间增大。对比分析两种再售模式发现，当自营模式下在线回收商所投入的固定费用较低时，在线回收商选择自营模式并且此时回收率较优，但零售商更偏好于代理模式。当政府补贴较高时，代理模式下新产品销售量增加显著带动消费者剩余，使得代理模式下消费者剩余优于自营模式下。虽然政府补贴有助于改善代理模式下消费者剩余，但依然无法实现企业、环境和消费者对再售模式的一致偏好。在政府补贴模型的基础上，进一步引入回收成本分担契约，从而在一定的补贴水平下实现了企业、环境和消费者在代理模式下的多方协调。

7.2 局限性与展望

本研究从废旧电器电子产品回收行业发展现状出发，结合当前相关政府政策，考察了在线回收商的再售策略选择问题。本研究中在线回收商的再售策略包含两方面关键问题：①是否进行再售；②如何进行再售。首先，在传统回收模型的基础上融入回收成本优势以及再售策略构建在线回收模型，并比较在线回收与传统回收的优劣（研究内容1），之后，在研究内容1的基础上考虑政府回收处理基金对在线回收商再售策略的影响（研究内容2）。研究内容1和研究内容2较好地回答了在线回收商是否进行再售的关键问题。其次，在研究内容1的基础上分别构建在线回收商自营再售业务和代理再售业务的决策模型，比较分析两种再售渠道的优劣（研究内容3）。然后，考虑政府补贴政策对在线回收商再售渠道选择的影响（研究内容 4）。研究内容 3 和研究内容 4 较好地回答了在线回收商如何进行再售的关键问题。但在研究中依然存在一定的不足，需要在以后的研究中不断深入探索。

首先，本研究仅考虑单个在线回收商的情形，而在现实生活中往往多种回收渠道并存。例如爱回收、回收哥和易机网等在线回收商之间存在竞争，在线回收商与传统线下回收商之间存在竞争，而部分制造商(如格力、长虹)也开通在线回收渠道与在线回收商进行回收竞争。同时，不同的在线回收商与制造商可能形成供应链之间的竞争。因此，在以后的研究中可以从回收竞争和供应链竞争角度对 O2O 回收问题进行新的探讨。

其次，本研究所有的博弈过程都是在完全信息环境下进行，而 O2O 回收模式中可能存在多种信息的不对称性。例如制造商与在线回收商之间可能存在再制造成本的不对称性，消费者与在线回收商之间可能存在二手产品质量信息的不对称性，而零售商与在线回收商之间可能存在批发价格、销售成本的信息不对称性。因此，在未来的研究中若考虑 O2O 回收模式中的信息不对称性，定能将在线回收问题的研究推向新的高度。

最后，研究中未考虑时间因素对供应链成员决策的影响，在未来可以参考黄宗盛等(2013)、汪明月等(2020)所用微分博弈方法研究在线回收问题。同时，研究中未考虑回收品的生命周期问题，若考虑回收品生命周期以及制造商的产品更新换代，想必会有新的结论。对在线回收商再售渠道选择的研究中未考虑制造商决策的影响，若在闭环供应链中研究该问题，可能会有新的发现。此外，互联网的发展使得区块链技术逐渐成熟，想必在不远的未来区块链技术与 O2O 回收模式相结合的问题会成为一个热点。因此，在未来的研究中应时刻关注在线回收的前沿技术以及运营决策问题。

参考文献

[1] Abhishek V, Jerath K, Zhang Z. To platform-sell or resell? Channel structures in electronic retailing[J]. Management Science, 2016, 62(8): 2259-2280.

[2] Ackerman D, Hu J. Assuring me that it is as"good as new"just makes me think about how someone else used it: Examining consumer reaction toward marketer-provided information about second-hand goods[J]. Journal of Consumer Behaviour, 2017, 16(3): 233-241.

[3] Agrawal V V, Atasu A, Van Ittersum K. Remanufacturing, third-party competition, and consumers' perceived value of new products[J]. Management Science, 2015, 61(1): 60-72.

[4] Atasu A, Toktay L B, Wassenhove L N V. How collection cost structure drives a manufacturer's reverse channel choice[J]. Production and Operations Management, 2013, 22(5): 1089-1102.

[5] Aydin R, Kwong C K, Ji P. Coordination of the closed-loop supply chain for product line design with consideration of remanufactured products[J]. Journal of Cleaner Production, 2016, 114(3): 286-298.

[6] Bernstein F, Song J S, Zheng X. "Bricks-and-mortar" vs "clicks-and-mortar": An equilibrium analysis[J]. European Journal of Operational Re-

search, 2008, 187(3): 671-690.

[7] Cao K, He P. Thecompetition between B2C platform and third-party seller considering sales effort[J]. Kybernetes, 2016, 45(7): 1084-1108.

[8] Chen Y, Chen F R. On thecompetition between two modes of product recovery: Remanufacturing and refurbishing [J]. Production and Operations Management, 2019, 28(12): 2983-3001.

[9] Chuang C H, Wang C X, Zhao Y. Closed-loopsupply chain models for a high-tech product under alternative reverse channel and collection cost structures[J]. International Journal of Production Economics, 2014, 156(10): 108-123.

[10] Feng L, Govindan K, Li C. Strategic planning: Design and coordination for dual-recycling channel reverse supply chain considering consumer behavior [J]. European Journal of Operational Research, 2017, 260 (2): 601-612.

[11] Ferguson M E, Toktay L B. The effect of competition on recovery strategies[J]. Production and Operations Management, 2006, 15(3): 351-368.

[12] Gan S S, Pujawan I N, Widodo B. Pricing decision for new and remanufactured product in a closed-loop supply chain with separate sales-channel [J]. International Journal of Production Economics, 2017, 190(8): 120-132.

[13] Genc T S, De G P. Trade-in and save: A two-period closed-loop supply chain game with price and technology dependent returns[J]. International Journal of Production Economics, 2017, 183(part B): 514-527.

[14] Giovanni P D, Zaccour G. A two-period game of a closed-loop supply chain[J]. European Journal of Operational Research, 2014, 232(1): 22-40.

[15] Giri B C, Chakraborty A, Maiti T. Pricing and return product collection decisions in a closed-loop supply chain with dual-channel in both forward and reverse logistics[J]. Journal of Manufacturing Systems, 2017, 42(1): 104-123.

[16] Govindan K, Soleimani H, Kannan D. Reverse logistics and closed-loop supply chain: A comprehensive review to explore the future[J]. European Journal of Operational Research, 2015, 240(3): 603-626.

[17] Gu F, Zhang W, Guo J, et al. Exploring "internet + recycling": Mass balance and life cycle assessment of a waste management system associated with a mobile application[J]. Science of the Total Environment, 2019, 649(16): 172-185.

[18] Gu Q, Gao T. Management oftwo competitive closed-loop supply chains[J]. International Journal of Sustainable Engineering, 2012, 5(4): 325-337.

[19] Guo Q, Li Z L, Nie J J. Strategicanalysis of the online recycler's reselling channel selection: Agency or self-run[J]. Sustainability, 2020, 12(1): 78-96.

[20] Hagiu A, Wright J. Marketplace or reseller? [J]. Management Science, 2015, 61(1): 184-203.

[21] Hagiu A. Merchant or two-sided platform? [J]. Review of Network Economics, 2007, 6(2): 115-133.

[22] Hamzaoui E L, Lintion J D. New or recycled products: How much are consumer swilling to pay? [J]. Journal of Consumer Marketing, 2010, 27(5): 458-468.

[23] Han X H, Wu H Y, Yang Q X, et al. Production andcoordination in

a closed-loop supply chain with a dominant retailer under costs disruptions[J]. International Journal of Production Research, 2017, 55(4): 1147-1167.

[24] He P, He Y, Xu H. Channelstructure and pricing in a dual-channel closed-loop supply chain with government subsidy[J]. International Journal of Production Economics, 2019, 213(7): 108-123.

[25] He Q, Wang N, Yang Z, et al. Competitivecollection under channel inconvenience in closed-loop supply chain[J]. European Journal of Operational Research, 2019, 275(1): 155-166.

[26] Hong I H, Lee Y T, Chang P Y. Sociallyoptimal and fund-balanced advanced recycling fees and subsidies in a competitive forward and reverse supply chain[J]. Resources, Conservation and Recycling, 2014, 82(1): 75-85.

[27] Huang M, Song M, Lee L H, et al. Analysis forstrategy of closed-loop supply chain with dual recycling channel[J]. International Journal of Production Economics, 2013, 144(2): 510-520.

[28] Huang Y, Wang Z. Demanddisruptions, pricing and production decisions in a closed-loop supply chain with technology licensing[J]. Journal of Cleaner Production, 2018, 191(17): 248-260.

[29] Islam M T, Huda N. Reverselogistics and closed-loop supply chain of waste electrical and electronic equipment(WEEE)/e-waste: A comprehensive literature review[J]. Resources, Conservation and Recycling, 2018, 137(5): 48-75.

[30] Jian H Y, Xu M L, Zhou L. Collaborativecollection effort strategies based on the "internet+recycling" business model[J]. Journal of Cleaner Production, 2019, 241(24): 118-120.

[31] Jiang B, Jerath K, Srinivasan K. Firm strategies in the "mid tail" of

platform-based retailing[J]. Marketing Science, 2011, 30(5): 757-775.

[32] Jin M Y, Nie J J, Yang F, et al. The impact of third-party remanufacturing on the forward supply chain: A blessing or a curse? [J]. International Journal of Production Research, 2017, 55(22): 6871-6882.

[33] Jun F X, Min C H. Pricingdecision and channel coordination of closed-loop channel under competing retailers[J]. Journal of Systems & Management, 2010, 19(5): 497-502.

[34] Kong L C, Liu Z Y, Pan Y F, et al. Pricing andservice decision of dual-channel operations in an O2O closed-loop supply chain[J]. Industrial Management and Data Systems, 2017, 117(8): 1567-1588.

[35] Kusukawa E, Paku Y. Optimal operation and supply chain coordination in a closed-loop supply chain with loss-averse attitude[J]. Asian Journal of Management Science and Applications, 2018, 3(3): 252-278.

[36] Li C F, Feng L P, Luo S Y. Strategicintroduction of an online recycling channel in the reverse supply chain with a random demand[J]. Journal of Cleaner Production, 2019, 236(21): 117683.

[37] Li J, Yu K, Gao P. Recycling and pollution control of the end of life vehicles in China[J]. Journal of Material Cycles & Waste Management, 2014, 16(1): 31-38.

[38] Lin T, Vakharia A J, Tan Y L, et al. Marketplace, reseller, or hybrid: Strategic analysis of an emerging ecommerce model[J]. Production and Operations Management, 2018, 27(8): 1595-1610.

[39] Liu H, Lei M, Deng H, et al. Adual channel, quality-based price competition model for the WEEE recycling market with government subsidy[J]. Omega, 2016, 59(part B): 290-302.

[40] Liu L, Wang Z, Xu L, et al. Collection effort and reverse channel choices in a closed-loop supply chain[J]. Journal of Cleaner Production, 2017, 144(3): 492-500.

[41] Liu Y, Zhang Y. Closeloop supply chain under power configurations and dual competions[J]. Sustainability, 2018, 10(5): 1617-1639.

[42] Ma J H, Ren H. Influence of government regulation on the stability of dual-channel recycling model based on customer expectation[J]. Nonlinear Dynamics, 2018, 94(7): 1775-1790.

[43] Ma W, Zhao Z, Ke H. Dual-channelclosed-loop supply chain with government consumption-subsidy[J]. European Journal of Operational Research, 2013, 226(2): 221-227.

[44] Ma Z J, Hu S, Dai Y, et al. Pay-as-you-throwversus recycling fund system in closed-loop supply chains with alliance recycling[J]. International Transactions in Operational Research, 2018, 25(6): 1811-1829.

[45] Ma Z J, Zhou Q, Dai Y, et al. Optimalpricing decisions under the coexistence of "trade old for new" and "trade old for remanufactured" programs [J]. Transportation Research Part E: Logistics and Transportation Review, 2017, 106(5): 337-352.

[46] Mantin B, Krishnan H, Dhar T. The strategic role of third-party marketplaces in retailing[J]. Production and Operations Management, 2014, 23(11): 1937-1949.

[47] Mitra S, Webster S. Competition inremanufacturing and the effects of government subsidies[J]. International Journal of Production Economics, 2008, 111(2): 287-298.

[48] Patricia V L, Charles D, Luk N. Van W. The role of second-hand

markets in circular business: A simple model for leasing bersus selling consumer products[J]. International Journal of Production Research, 2018, 56(1-2): 960-973.

[49] Ray S, Boyaci T, Aras N. Optimal prices and trade-in rebates for durable, remanufacturable products [J]. Manufacturing & Service Operations Management, 2005, 7(3): 208-228.

[50] Sarkar B, Ullah M, Choi S B. Joint inventory and pricing policy for an online to offline closed-loop supply chain model with random defective rate and returnable transport items[J]. Mathematics, 2019, 7(6): 497.

[51] Savaskan R C, Bhattacharya S, Van Wassenhove L N. Closed-loop supply chain models with product remanufacturing[J]. Management Science, 2004, 50(2): 239-252.

[52] Savaskan R C, Van Wassenhove L N. Reverse channel design: The case of competing retailers[J]. Management Science, 2006, 52(1): 1-14.

[53] Shi Y, Nie J, Qu T, et al. Choosingreverse channels under collection responsibility sharing in a closed-loop supply chain with remanufacturing[J]. Journal of Intelligent Manufacturing, 2015, 26(2): 387-402.

[54] Song Q, Zhang Y, Miao Y, et al. "Internet+resource recycling" mode promotes the resource recycling revolution in China[J]. Environmental Pollution & Control, 2016, 38(8): 105-109.

[55] Souza G C. Closed-loopsupply chains: A critical review, and ruture research[J]. Decision Sciences, 2013, 44(1): 7-38.

[56] Sun Q, Wang C, Zuo L S, et al. Digitalempowerment in a WEEE collection business ecosystem: A comparative study of two typical cases in China [J]. Journal of Cleaner Production, 2018, 184(10): 414-422.

[57] Taleizadeh A A, Moshtagh M S, Moon I. Pricing, product quality, and collection optimization in a decentralized closed-loop supply chain with different channel structures: Game theoretical approach[J]. Journal of Cleaner Production, 2018, 189(13): 406-431.

[58] Tan Y L, Carrillo J E. Strategic analysis of agency contracts for pricing of digital goods[J]. Production and Operations Management, 2014, 26(4): 724-741.

[59] Tan Y L, Carrillo J E. Strategic analysis of the agency model for digital goods[J]. Production and Operations Management, 2017, 26(4): 724-741.

[60] Tan Y, Carrillo J E, Cheng H K. The agency model for digital goods[J]. Decision Sciences, 2016, 47(4): 628-660.

[61] Tian J, Chen M. Assessing the economics of processing end-of-life vehicles through manual dismantling[J]. Waste Management, 2016, 56(5): 384-395.

[62] Vorasayan J, Ryan S M. Optimal price and quantity of refurbished products[J]. Production and Operations Management, 2006, 15(3): 369-383.

[63] Wang B, Ren C, Dong X, et al. Determinantsshaping willingness towards online recycling behaviour: An empirical study of household e-waste recycling in China[J]. Resources, Conservation and Recycling, 2019, 143(4): 218-225.

[64] Wang H, Han H, Liu T, et al. "Internet +" recyclable resources: A new recycling mode in China[J]. Resources, Conservation and Recycling, 2018, 134(7): 44-47.

[65] Wang K, Zhao Y, Cheng Y, et al. Cooperation or competition? Channel choice for a remanufacturing fashion supply chain with government subsidy[J]. Sustainability, 2014, 6(10): 7292-7310.

[66] Wang L, Cai G, Tsay A A, et al. Design of the reverse channel for remanufacturing: Must profit-maximization harm the environment? [J]. Production and Operations Management, 2017, 26(8): 1585-1603.

[67] Wang X, Chen M. Implementing extended producer responsibility: vehicle remanufacturing in China[J]. Journal of Cleaner Production, 2011, 19(6-7): 680-686.

[68] Wei Y. A study on "internet+recycling" mode of WEEE[J]. Journal of Hangzhou Dianzi University(Soc. Sci.), 2016, 12(1): 18-23.

[69] Wu H, Han X, Yang Q, et al. Production and coordination decisions in a closed-loop supply chain with remanufacturing cost disruptions when retailers compete[J]. Journal of Intelligent Manufacturing, 2018, 29(1): 227-235.

[70] Wu X, Zhou Y. Theoptimal reverse channel choice under supply chain competition[J]. European Journal of Operational Research, 2017, 259(1): 63-66.

[71] Xiong Y, Zhou Y, Li G, et al. Don't forget your supplier when remanufacturing[J]. European Journal of Operational Research, 2013, 230(1): 15-25.

[72] Yan W, Xiong Y, Xiong Z, et al. Bricks vs. clicks: Which is better for marketing remanufactured products? [J]. European Journal of Operational Research, 2015, 242(2): 434-444.

[73] Yi P X, Huang M, Guo L J, et al. Dualrecycling channel decision in retailer oriented closed-loop supply chain for construction machinery remanu-

facturing[J]. Journal of Cleaner Production, 2016, 137(22): 1393-1405.

[74] Yuan K F, Gao Y. Inventorydecision-making models for a closed-loop supply chain system[J]. International Journal of Production Research, 2010, 48(20): 6155-6187.

[75] Zand F, Yaghoubi S, Sadjadi S J. Impacts of government direct limitation on pricing, greening activities and recycling management in an online to offline closed loop supply chain[J]. Journal of Cleaner Production, 2019, 215(7): 1327-1340.

[76] Zou Z B, Wang J J, Deng G S, et al. Third-party remanufacturing mode selection: Outsourcing or authorization? [J]. Transportation Research Part E: Logistics and Transportation Review, 2016, 87(2): 1-19.

[77] Zuo L, Wang C, Sun Q. Sustaining WEEE collection business in China: The case of online to offline (O2O) development strategies[J]. Waste Management, 2020, 101(1): 222-230.

[78] 陈维亚，陈治亚，周伟丽. 第三方物流企业规模经济的实证研究[J]. 商业经济与管理，2008，206(12)：17-22.

[79] 陈治亚，陈维亚. 第三方物流的规模经济性和发展策略研究[J]. 商业经济与管理，2007，189(7)：3-7.

[80] 高攀，丁雪峰. 考虑二手产品专利保护的闭环供应链竞争策略[J]. 计算机集成制造系统，2017，23(9)：2028-2039.

[81] 公彦德，达庆利，占济舟. 基于处理基金和拆解补贴的电器电子产品 CLSC 研究[J]. 中国管理科学，2016，24(6)：97-105.

[82] 公彦德，达庆利. 闭环供应链主导模式与物流模式的组合研究[J]. 管理科学学报，2015，18(10)：14-25.

[83] 龚本刚，程晋石，程明宝，等. 考虑再制造的报废汽车回收拆解

合作决策研究[J]. 管理科学学报，2019，22(2)：82-96.

[84] 郭燕．“互联网+旧衣物回收”资源整合模式创新[J]. 毛纺科技，2019，47(4)：84-87.

[85] 郭燕．旧衣物回收渠道逆向物流构建及模式创新——以“收衣先生”模式为例[J]. 纺织导报，2019，904(3)：26-29.

[86] 郭燕．我国主要城市旧衣物回收现状调查报告概述[J]. 再生资源与循环经济，2018，11(3)：15-19.

[87] 胡穗斌，杨强友，韦开满，等．“互联网+”二手汽车交易模式探析[J]. 价值工程，2016，35(32)：64-65.

[88] 黄宗盛，聂佳佳，胡培．基于微分对策的第三方回收再制造闭环供应链回收策略研究[J]. 运筹与管理，2013，22(3)：61-70.

[89] 黄宗盛，聂佳佳，胡培．基于微分对策的再制造闭环供应链回收渠道选择策略[J]. 管理工程学报，2013，27(3)：93-102.

[90] 黄宗盛，聂佳佳，赵映雪．再制造闭环供应链产品回收合作模式研究[J]. 管理工程学报，2019，33(3)：147-152.

[91] 李春发，朱浪梅．EPR 制度下的家电以旧换新回收策略优化模型[J]. 运筹与管理，2017，26(8)：67-75.

[92] 李新然，陈蓉．基于政府基金政策的再制造闭环供应链最优决策研究[J]. 管理评论，2015，27(10)：183-194.

[93] 李新然，吴义彪．以旧换再补贴对双渠道销售闭环供应链的影响[J]. 科研管理，2015，36(9)：106-118.

[94] 梁喜，郭瑾．制造商网上销售渠道与定价策略选择——基于不同双渠道结构下的分析[J]. 价格理论与实践，2016(12)：196-199.

[95] 梁喜，蒋琼，郭瑾．不同双渠道结构下制造商的定价决策与渠道选择[J]. 中国管理科学，2018，26(7)：97-107.

［96］梁喜，蒋琼．考虑线上线下零售商竞争的制造商双渠道定价策略［J］．控制与决策，2019，34(7)：1501-1513.

［97］刘慧慧，黄涛，雷明．废旧电器电子产品双渠道回收模型及政府补贴作用研究［J］．中国管理科学，2013，21(2)：123-131.

［98］刘慧慧，刘涛．电器电子产品基金补贴和市场合作对正规回收渠道的影响研究［J］．中国管理科学，2017，25(5)：87-96.

［99］刘志，李帮义，汪磊，等．差异化竞争下考虑再制造专利许可的闭环供应链生产决策［J］．运筹与管理，2018，27(5)：66-74.

［100］卢荣花，李南．零售商竞争环境下两周期闭环供应链回收渠道选择研究［J］．系统管理学报，2017，26(6)：1143-1150.

［101］路应金，徐雪砜，艾兴政．第三方规模效应下闭环供应链双渠道回收决策研究［J］．管理工程学报，2018，32(2)：207-217.

［102］马卫民，赵璋．以旧换新补贴对不同模式闭环供应链的影响［J］．系统工程理论与实践，2012，32(9)：1938-1944.

［103］马卫民，赵璋．以旧换新补贴对具有不同等级产品闭环供应链的影响研究［J］．中国管理科学，2013，21(3)：113-117.

［104］马卫民，赵璋．以旧换新消费比例对闭环供应链的影响［J］．运筹与管理，2014，23(4)：12-18.

［105］马祖军，胡书，代颖．政府规制下混合渠道销售/回收的电器电子产品闭环供应链决策［J］．中国管理科学，2016，24(1)：82-90.

［106］聂佳佳，邓东方．再制造产品质量对闭环供应链回收渠道的影响［J］．工业工程与管理，2014，19(1)：1-7.

［107］聂佳佳，熊璐洁．新产品质量对闭环供应链再制造模式选择的影响［J］．工业工程，2018，21(5)：31-39，63.

［108］申成然，熊中楷，彭志强．专利保护与政府补贴下再制造闭环

供应链的决策和协调[J]. 管理工程学报，2013，27(3)：132-138.

[109] 石纯来，聂佳佳. 规模不经济下奖惩机制对闭环供应链制造商合作策略影响[J]. 中国管理科学，2019，27(3)：85-95.

[110] 史成东，闫秀霞，闫厚强，等. Loss-averse 测度下考虑政府补贴的双第三方回收再制造闭环供应链[J]. 中国管理科学，2015，23(7)：152-158.

[111] 舒秘，聂佳佳. 产能约束对再制造闭环供应链回收渠道选择的影响[J]. 运筹与管理，2015，24(4)：52-57.

[112] 宋庆彬，张宇平，缪友萍，等. "互联网+资源回收"模式助推中国资源回收革命[J]. 环境污染与防治，2016，38(8)：105-109.

[113] 孙浩，达庆利. 电子类产品回收再制造能力与二手市场需求相协调的研究——以电视机为例[J]. 管理工程学报，2010，24(3)：90-97.

[114] 孙浩，叶俊，胡劲松，等. 不同决策模式下制造商与再制造商的博弈策略研究[J]. 中国管理科学，2017，25(1)：160-169.

[115] 唐飞，许茂增. 考虑专利保护和渠道偏好的再制造双渠道闭环供应链决策与协调[J]. 运筹与管理，2019，28(6)：61-69.

[116] 田立平，李文龙，吴周相. "以旧换新"模式下零售商回收电子废弃物定价模型研究[J]. 数学的实践与认识，2019，49(2)：292-297.

[117] 汪明月，李颖明，史文强，等. 不同环境规制下企业废旧产品回收的动态决策研究[J]. 系统工程理论与实践，2020，40(1)：103-118.

[118] 王昶，吕夏冰，孙桥. 居民参与"互联网+回收"意愿的影响因素研究[J]. 管理学报，2017，14(12)：1847-1854.

[119] 王艳阳，许雪琦. 二手产品市场影响的回收商契约执行研究[J]. 生产力研究，2018，317(12)：41-45.

[120] 王玉燕，李璟. 公平关切下基于网络平台销售、回收的 E-闭环

供应链的主导模式研究[J]．中国管理科学，2018，26(1)：139-151.

[121] 王玉燕，申亮．回收处理基金下闭环供应链的多元化主导模式[J]．系统工程理论与实践，2018，38(10)：2526-2541.

[122] 魏洁．废弃电器电子产品“互联网+”回收模式构建[J]．科技管理研究，2016，36(21)：230-234.

[123] 闻卉，曹晓刚，陶建平，等．零售商价格领导权结构下考虑专利保护的闭环供应链定价策略[J]．运筹与管理，2017，26(8)：109-114.

[124] 夏西强，朱庆华，赵森林．政府补贴下制造/再制造竞争机理研究[J]．管理科学学报，2017，20(4)：71-83.

[125] 徐兵，杨金梅．闭环供应链竞争下政府补贴效率研究[J]．管理工程学报，2013，27(4)：178-185.

[126] 许开华，张宇平，赵小婷，等．回收哥 O2O 平台开启“互联网+分类回收”新模式[J]．再生资源与循环经济，2015，8(10)：25-28.

[127] 许垒，李勇建．考虑消费者行为的供应链混合销售渠道结构研究[J]．系统工程理论与实践，2013，33(7)：1672-1681.

[128] 许茂增，唐飞．考虑消费者偏好的闭环供应链差别定价模型[J]．计算机集成制造系统，2014，20(4)：945-954.

[129] 许民利，邹康来，简惠云．“互联网+”环境下考虑消费者行为的资源回收策略[J]．控制与决策，2019，34(8)：1745-1753.

[130] 余福茂，钟永光，沈祖志．考虑政府引导激励的电子废弃物回收处理决策模型研究[J]．中国管理科学，2014，22(5)：131-137.

[131] 再生资源协会．“互联网+回收”助力回收行业转型[J]．中国资源综合利用，2016，34(5)：18-18.

[132] 张迪，孟婷．互联网+“衣旧换新”——循环经济下旧衣物变废为宝[J]．科技经济导刊，2019，27(10)：221-221.

［133］张福安，达庆利，公彦德．考虑双向主导相异的闭环供应链物流策略与补贴机制研究［J］．中国管理科学，2016，24(10)：44-51.

［134］张汉江，余华英，李聪颖．闭环供应链上的回收激励契约设计与政府补贴再制造政策的优化［J］．中国管理科学，2016，24(8)：71-78.

［135］张盼，熊中楷．制造商回收成本信息不对称下零售商激励合同设计［J］．管理工程学报，2019，33(4)：144-150.

［136］张松．中国再生资源行业发展报告(2015—2016)书评［J］．再生资源与循环经济，2018，11(1)：44.

［137］张志清，吴美霞，王艳红，等．政府奖励对报废汽车回收模式选择的作用机制研究——基于企业社会责任视角［J］．运筹与管理，2019，28(4)：182-190.

［138］张志宇，陈业华，刘一健，等．基于差别定价的政府补贴下再制造闭环供应链协调机制研究［J］．数学的实践与认识，2019，49(21)：52-63.

［139］赵敬华，林杰．不同补贴对象下的闭环供应链定价模型［J］．管理工程学报，2017，31(1)：85-92.

［140］赵培，熊中楷，熊榆．零售商开通二手市场对供应链成员收益的影响［J］．系统工程理论与实践，2015，35(4)：882-891.

［141］赵晓敏，尤佳静，李远勤，等．政府基金政策对 WEEE 回收处理的引导作用及效果分析［J］．中国管理科学，2018，26(8)：42-53.

［142］赵毅．废弃电器电子产品“互联网+”的回收决策构想和操作模式［J］．中国资源综合利用，2017，35(11)：69-70，86.

［143］郑本荣，杨超，刘丛．成本分摊对制造商回收闭环供应链的影响［J］．系统工程理论与实践，2017，37(9)：2344-2354.

［144］郑本荣，杨超，杨珺，等．产品再制造、渠道竞争和制造商渠

道入侵[J]. 管理科学学报，2018，21(8)：98-111.

[145] 朱庆华，李幻云. 基于政府干预的报废汽车回收博弈模型[J]. 运筹与管理，2019，28(10)：33-39.

[146] 朱庆华，夏西强，李幻云. 政府补贴与专利费用下制造与再制造博弈模型[J]. 系统工程学报，2017，32(1)：8-18.